アラビア哲学からアルベルトゥス・マグヌスへ

アラビア哲学から
アルベルトゥス・マグヌスへ

―― 一神教的宇宙論の展開 ――

小林　剛著

知泉書館

目次

アラビア哲学からアルベルトゥス・マグヌスへ

――一神教的宇宙論の展開――

序

哲学と一神教の調和

旧約聖書で通常「全能」と訳されるヘブライ語はシャッダイである。シャッダイは神名の一つであるが、正確な意味はまだよく分かっていない。山にかかわる名であるとも言われるが、これがギリシア語訳旧約聖書（セプトゥアギンタ）でパントクラトール（παντοκράτωρ）と訳されて、一般に全能という意味で理解されるようになった。全能とは通常、何でもできるという意味であるが、ギリシア語のパントクラトールには、すべてを支配するという意味があるので、しばしば全知という神名と結び付けて考えられる。

旧約聖書の思想はやがてユダヤ教やキリスト教の学者たちによって古代ギリシア・ローマ的な哲学概念によって表現されるようになった。しかし、九世紀以降登場したキンディー、ファーラービー、アヴィセンナ（イブン・スィーナー）、アヴェロエス（イブン・ルシュド）などのいわゆるアラビア（イスラーム）哲学者たち[(1)]は、ただ単に自分たちの思想を哲学概念で表現するだけにとどまらなかった。彼らはイスラームを信じながら、同時に哲学者であろうとした。すなわち、イスラームも哲学も何らかの意味で真理を語っていると考えた。となると、彼らにとってイスラームの信仰と哲学とは矛盾するはずがない。哲学者が考える神は全知全能の神でもなければならないことになる。

ローマ帝国においてキリスト教が広がるのとほぼ同時期に隆盛を誇った新プラトン主義哲学は、一者から他のすべてが発出すると考える点で一神教と類似する面を持っていた。しかし、東ローマ帝国から哲学を受け継いだアラビア哲学者たちにとって哲学とは主に、新プラトン主義哲学よりも、新プラトン主義的に解釈されたアリストテレスの哲学であった。

確かにプラトン主義、新プラトン主義者の著作にはしばしば古代ギリシア・ローマの神々の名が登場するので、ローマ帝国末期のキリスト教を含め一神教には不都合だったのかもしれない。それとは対照的に、アリストテレス著作に神という名が登場することは極めて少ない。そこでアラビア哲学者たちは、一神教に類似している新プラトン主義をアリストテレス哲学の解釈として用いた。

本書は、十三世紀西欧の神学者・哲学者であるアルベルトゥス・マグヌス[2]『「原因論」註解』（原題は『諸原因と第一原因からの宇宙の発出について』[3]）における「流出流入論」とも呼ぶべき彼独特の形而上学に焦点を当てる。この流出流入論は本書で見る通り、アヴィセンナ、アヴェロエスというアラビア哲学者たちの新プラトン主義的アリストテレス主義を継承しつつ[4]、哲学と一神教の調和の問題、特に、アリストテレスが考える神を全知全能の神として解釈することは可能かという問題に取り組む。そしてこの問題に対してかなり完成度の高い回答を提出している点で思想史上の意義を有するように思われる。

また、拙著『アルベルトゥス・マグヌスの人間知性論――知性単一説をめぐって』第四章で見た通り、アルベルトゥスの流出流入論は彼の知性単一説論駁の前提となっている。この拙著の序で私が述べた通り、知性単一説を論駁することは、一神教とは直接関係のない人にとっても大変重要であると思われる。なぜなら、もし知性単一説が主張するように、「一人一人に知性がないとしたら、人間は基本的に他の動物と変わらないということになってしまう。そうすると、動物を殺すということと人間を殺すということとの間に本質的な違いはないということになってしまい、人間に固有な尊厳が失われてしまいかねない」(5)からである。

アヴィセンナからアヴェロエスへ

では具体的にどのような仕方でアルベルトゥスはアラビア哲学者たちの新プラトン主義的アリストテレス主義を継承しているのであろうか。(6)結論を先取りして言えば、彼の流出流入論は基本的に、アヴィセンナ宇宙論を、アヴェロエスによる批判を出発点にして修正することによって成立しているというのが本書の主張である。より詳細に語れば次の通りである。

アルベルトゥス流出流入論は彼の『『原因論』註解』第一巻第四論考第一章から第八章で語られる。そのまとめである第八章で語られる彼の宇宙論は、本書第五章の二で見る通り、同章の一で見るアヴィセンナ宇宙論と酷似している。しかし両者がまったく同じはずはない。なぜならアヴィセンナ宇宙論からアルベルトゥス流出流入論はすぐには出て来ないからである。

なぜなら流出流入論によれば、本書第五章の三で見る通り、神の純一な現実態を様々な可能態が受容するが、同章の一で見る通り、アヴィセンナ宇宙論によれば神の存在必然性を受容するのは第一知性の存在可能性のみだからである。実際、本書第五章の一引用八にかかわる「一つのものからは一つのものしか生じない」というアヴィセンナの有名な言葉は、もともとはこのことを表していたのである。

しかし同章の一引用九にある通り、アヴェロエスによれば神は、その様々な程度の類似性が他の知性認識者に知性認識されるということから、様々な存在者の原因であって構わない。このようなアヴェロエスによるアヴィセンナ批判を出発点としてアルベルトゥスは彼の流出流入論において、アヴィセンナにおける神の存在必然性と第一知性の存在可能性の関係を、神の純一な現実態と様々な可能態の関係として、諸々の知性認識者だけでなく全存在者に拡げているように思われる。

またアヴィセンナ宇宙論によれば第一知性からさらに第二知性が、第二知性から第三知性がというように順次諸知性が伴うのだが、どうしてそうなるのかよく分からない。しかしこの問題もアヴェロエスによるアヴィセンナ批判に基づけば、神の様々な程度の類似性が他の知性認識者に順次知性認識されるという仕方で説明可能である（同章の三引用二十四参照）。

だがそうだとしても、同章の一引用七にあるようにアヴィセンナ宇宙論によれば、知性から天体の魂や天体が伴うのだが、どうしてそうなるのかこれもまたよく分からない。同章の二で見る通りアルベルトゥスはやはりアヴェロエスによるアヴィセンナ批判（本書第三章参照）に基づいて、知性が同時に天体の魂でもあると考える。(7) 実際、本書第五章の二引用十二の終わりの方で、天体の魂は「魂の位置に在るこの形相（第一形相）」と呼ばれているが、同箇所引用十一によれば第一形相とは知性の光輝のことなのである。ただし天体についてアルベルトゥスはアヴェロエスとは恐らく異なり、同箇所引用十三末尾にある通り、知性が天体に「なる」、すなわち、知性が天体の実体・本質を与えると考える。また本書第四章の二で見る通り、天体はその光線を通して月下の諸物体の原因であると考える。

さらに本書第二章の一引用八で見る通り、アヴィセンナ宇宙論によれば神は普遍的な仕方でしか知性認識せず、個物は認識しない。それに対してアルベルトゥスはアヴェロエスによるアヴィセンナ批判（同章の二参照）に基づいて、神は個物も知性認識すると考える（第三章引用十参照）。実際、本書第五章の二引用十、十一で見る通り、アルベルトゥスは流出流入論の中で神も含め知性体のことを普遍的能動知性と呼ぶ。そして本書第四章の一引用十三で見る通り、アルベルトゥスが言う普遍的能動知性はアヴィセンナが考えるような神（本書第二章の一参照）ではなく、むしろアヴェロエスが考えるような神（同章の二、第三章参照）なのである。

以上のようにアルベルトゥスはアヴェロエスによるアヴィセンナ宇宙論批判を出発点としながら、アリストテレスが考える神を全知全能の神と解釈する道を開くのである。

先行研究の検討

イザベル・ムーランとデビッド・トウェッテンは「アルベルトゥスにおける因果関係と流出」という論考の後半部に当たるB「アルベルトゥスにおける質料的順序内での因果関係について――インダクションとイダクション」(8)で、まず初めに、質料的・物体的因果関係を説明する理論的に可能な二つの方法としてインダクション（導き入れ）とイダクション（引き出し）を次のように説明する。すなわち、「インダクションに従えば、或る『諸形相付与者』が、複合物を生み出すために質料に形相を導入する」(9)。「イダクションに従えば、現実態に在る或る作用因が、形相を自身の内にすでに可能的に所有している或る事物に作用する」(10)。

そして筆者たちは次のように問題提起する。

引用一

アルベルトゥスのイダクション理論を把握することにかかわる主たる困難は次の事実に由来する。すなわち、アルベルトゥスはときどき、他の箇所では彼自身の見解として受け入れているように思われることを批判する。つまり彼はインダクション理論を、その用語の多くを後期の形而上学的パラフレーズで採用するにもか

かわらず、これを強く批判するのである。(11)

ここで「後期の形而上学的パラフレーズ」と呼ばれているのは、アルベルトゥスの流出流入論が語られる『「原因論」註解』と、『「形而上学」註解』(原題は『形而上学』)のことであると思われる。ここで明確にされるべきは、アルベルトゥスが強く批判する意味でのインダクション理論と、彼が受け入れ採用するものとしてのインダクション理論のちがいということになるだろう。

次に筆者たちはアルベルトゥスの比較的初期の著作『「神名論」註解』を検討する。筆者たちによればこの著作において「アルベルトゥスはアリストテレスとアヴェロエスの道を、プラトンやアヴィセンナのそれよりも信仰に対立するところがより少なく、より蓋然的なものとして一貫して好む(12)」。ここで「アリストテレスとアヴェロエスの道」とはイダクションのことであり、「プラトンやアヴィセンナのそれ」とはインダクションのことである。

ここで語られているインダクションは、アルベルトゥスが強く批判する意味でのインダクションのようである。ではなぜこのようなインダクションは批判されるのであろうか。筆者たちによればその理由は次の通りである。

引用二

或る純粋なインダクション論者は次のように言わなければならない。すなわち、近接原因と結果とにおいて形相は同じである、あるいは、形相は各質料的事物において、何も前提としないで全く新たに創造されると。〔中略〕次にイダクション理論において形相は、アルベルトゥスが言う通り、「第一原因という光源が組み込まれたものではなく、それ〔第一原因〕を原因とするそれ〔第一原因〕の類似性である」[13]。

ここでのインダクションは「純粋なインダクション」と呼ばれている。これこそがアルベルトゥスが強く批判するインダクション理論であると思われる。この理論によれば、近接原因と結果の形相は同じであり、近接原因は結果において形相を全く新たに無から創造する。それに対してイダクション理論によれば、第一原因と結果において形相は同じではなく、第一原因の類似性である。

ではアルベルトゥスが受け入れ採用するインダクション理論とは一体どのようなものなのであろうか。続きを見てみよう。

引用三（引用二の続き）

次のように想像する人がいるかもしれない。すなわち、或るイダクション論者は必然的に或るインダクション理論のすべての要素を拒絶しなければならない。つまりたとえば水平的な因果の連続はいかなる垂直的な連続をも排除すると。〔しかし〕そのようなことは（『ニコマコス倫理学』第一巻第四章で）アリストテレス〔が自身〕をプラトンに対置することで意図した結果ではないと、アルベルトゥスは『神名論』を註解しつつ明確に明言するようになる[14]。

この箇所によれば、イダクション理論はインダクション理論のすべてを拒絶するわけではない。特に、イダクション理論は水平的な因果の連続（たとえば人間が人間を生む）について語るが、だからといってインダクション理論が語る垂直的な因果の連続（たとえば神が世界を創造する）を排除するわけではない。つまり、垂直的な因果の連続を語るかぎりでのインダクション理論は、イダクション理論に、すなわちアルベルトゥスによって受け入れられ採用されるということだろう。

引用四

単なるインダクション理論に対置されるものとして範型因性をアルベルトゥスが肯定するカギは、質料のうちに結果として生じる諸形相が、もともとの範型と同じ種や類のうちにはないということであるように思われる。我々の抽象的知性によって、我々が有する類的、種的諸概念を諸々の個から引き出し、それらをそのようなものとして範型因に帰するとき、我々は過ちを犯すのである。(15)

ここで「単なるインダクション理論に対置されるものとして」、質料のうちに結果として生じる諸形相と類、種を同じくしない範型因性が登場する。これは同時にアルベルトゥスによって肯定されるものとしてのインダクション理論と言って良いだろう。

以上のような仕方で、筆者たちによれば、後期の形而上学的パラフレーズ（『「原因論」註解』や『「形而上学」註解』）においても、インダクション理論はイダクション理論に受け入れられ採用される。

引用五

アルベルトゥスのイダクション理論は、諸形相の形而上学的流出［インダクション］と調和するだけでなく、

地上の順序において実体形相が各個物にどのように流出するかを究極的に説明する。(16)

引用六

それゆえ、アルベルトゥスの因果関係概念には連続性がある。すなわち、地上の諸実体内において質料から引き出される実体諸形相間の水平的連続性は、上位の諸原因から、究極的には第一のものから垂直的に流出する諸形相の連続性、一性を反映しているのである。(17)

以上のような、範型因による垂直的因果関係を語る限りでのインダクション理論とイダクション理論の調和も、上述の通り、アルベルトゥスがアヴィセンナ宇宙論を、アヴェロエスによる批判を出発点に修正したことによって成立したように思われるのである。

本書の構成

第一章では、アリストテレス『形而上学』第十二巻第七、九章を検討し、彼が考える神は自身しか知性認識しないということを確認する。

第二章の一では、神は自身を知性認識しつつ、同時に他のすべてのものを、個別的にではなく普遍的に知性認識すると考えるアヴィセンナを、イスラーム神学者ガザーリーが彼の『哲学者の矛盾』の中で、アリストテレスとの不一致を理由に批判しているのを見る。同章の二では、このガザーリーによる批判を受けてアヴェロエスが、彼の『矛盾の矛盾』の中で、神は、自身しか知性認識しないが、それによって同時にすべての存在者を知性認識し、なおかつそれらはすべて全く一であると考えているのを見る。

第三章ではアヴェロエスが同じく彼の『矛盾の矛盾』で、アリストテレスが考える神は天体の目的因であるだけでなく同時に天体の作用因・近接動者・魂でもあると考えているのを見る。

第四章ではアルベルトゥスが上記のアヴェロエスの考えをアヴェロエス『「形而上学」ラムダ巻大註解』を通して踏襲しているのを見る。すなわち、同章の一では神認識に関する考えを踏襲しているのを見る。同章の二では天体の動者に関する上述の考えを踏襲し、さらに発展させているのを見る。

第五章の一ではアヴィセンナ『治癒の書』における彼の宇宙論と、それに対するアヴェロエスによる上述の批判を見る。同章の二ではアルベルトゥス『「原因論」註解』第一巻第四論考第八章の宇宙論を見る。同章の三ではアルベルトゥスの流出流入論を見る。

付論ではアルベルトゥス『「原因論」註解』における神名論を見る。というのも、付論冒頭でも述べる通り、アルベルトゥスの流出流入論では、一神教が伝統的に考える全能の神を完全には説明できない。この問題を解く手がかりを求めて彼の神名論を見るのである。

本書の主張は決して決定的なものではなく、いくつかのテキストの検討から言い得る一つの提案に過ぎない。これをさらに確かなものにするためには、まずアルベルトゥス『「原因論」註解』全体を詳細に検討しなければならない。さらに彼の全生涯にわたる諸著作を検討し、それらとアラビア哲学者たちなど先達たちとの関係を広く探らなければならない。またアラビア哲学者たち自身の他の諸著作も検討しなければならない。これらの作業は全く私の手に余るものである。本書が今後の研究の発展に向けた第一歩となることを期待する。

第一章　アリストテレス『形而上学』第十二巻第七、九章における神

アリストテレスは以下の通り、彼の『形而上学』第十二巻第七、九章で、彼の考える神は自身しか知性認識しないということを明らかにする。

第九章の議論

アリストテレス『形而上学』第十二巻第九章冒頭の「この知性」(1)は、同じく第七章で神と呼ばれている知性(2)のことであると思われる。この知性は第九章で「自身を知性認識する」と言われている(3)。それはどのような意味であろうか。自身をも知性認識するという意味であろうか。それとも、自身しか知性認識しないという意味であろうか。

結論的に言えば後者であると思われるが、この問いに答えるためには、なぜこの神である知性が自身を知性認識すると言われているのか、その理由を明らかにすることが必要であると思われる。

引用一

だから、〔神である知性は〕もし最善であるならば、自身を知性認識する。そしてこの知性認識は、知性認

識の知性認識である。(4)

この箇所の前半では、神である知性が自身を知性認識する条件として、この知性が最善だということが挙げられている。ということは、この知性が最善であるということを認めるならば、少なくとも、この知性が自身を知性認識しないことはないことになる。しかしこれではまだ依然として、この知性は自身をも知性認識すると語られているのか、自身しか知性認識しないと語られているのか分からない。

上記の箇所冒頭の「だから」以前の箇所(5)には、神である知性が自身を知性認識する理由がさらに詳しく語られていると思われる。この箇所の議論はかなり錯綜しているように思われるが、大筋としては、この知性が自身だけを知性認識するということを証明しているように思われる。

引用二

あるいはもし〔神である知性は〕知性認識するが、しかし、このこと〔知性認識〕の中心が別であるならば、これ〔神である知性〕の実体であるものが、〔現実態に在る〕知性認識〔活動〕ではなく、〔知性認識の〕可能態〔知性認識能力〕であるので、〔神である知性の実体は〕最善の実体ではないことになるだろう。実際、価値がそれ〔神である知性の実体〕に属するのは、〔現実態において〕知性認識することによってなのである。(6)

「知性認識の中心が別」とは一体どういう意味なのか、この言葉だけでは良く分からない。「別」とは何と別なのか。文脈的に言えば、神である知性自身とは別ということだろう。ただしここでこの知性は、知性認識すると語られている。知性認識者である。そうするとこの知性は、知性認識者ではあるが、知性認識の中心ではないということになる。

この言葉の意味は、次に続く部分から理解可能なように思われる。すなわちそこでは、神である知性の実体が、現実態に在る知性認識活動ではなく、知性認識の可能態、すなわち知性認識能力であるとされている。だから、「知性認識の中心」とは、現実態に在る知性認識活動のことであるように思われる。

それゆえ、この箇所によれば、神である知性は、現実態に在る知性認識活動でないならば最善ではない。なぜなら知性認識の可能態にしかないよりも、現実態に在る知性認識活動である方がより善いからである。

逆に言えば、もしこの知性が最善であるならば、現実態に在る知性認識活動である。そしてもしこの知性自身が現実態に在る知性認識活動であるならば、自身だけを知性認識することになるだろう。なぜなら知性認識活動とは、知性認識者が知性認識対象を知性認識することであるから、この知性自身がその知性認識活動全体であるならば、当然知性認識対象も自身であり、他のものではないはずだからである。

引用一の後半で、「この知性認識は、知性認識の知性認識である」と語られた意味はまさにこのことであるように思われる。というのも、属格の「の」は、主体（「が」）を表す場合と対象（「を」）を表す場合とがある。この「の」はこの両方を表しているように思われる。すなわち、「知性認識の知性認識」とは、「知性認識が知性認識を知性認識する」という意味であるように思われる。つまり、自身が知性認識活動である知性が、同時にその知性認識の主体でもあり対象でもあることを表しているように思われるのである。

以上の通り、アリストテレス『形而上学』第十二巻第九章によれば、神である知性は自身しか知性認識しない。

なぜならこの知性は最善であるがゆえに、現実態に在る知性認識活動、すなわち、知性認識が知性認識を知性認識する活動だからである。

第七章の議論

同じく第七章では、このような神である知性の存在が示され、それは最善であるがゆえに、現実態に在る知性認識活動、すなわち、知性認識が知性認識を知性認識する活動であるということが示される。

引用三

動かされかつ動かすものは中間なので、動かされないで動かすものがあり、それは永遠であり、実体であり、現実態である。〔そのような不動の動者は〕欲求対象や知性認識対象のように動かす。〔つまり〕動かされないで動かす。〔ところで〕これら〔欲求対象と知性認識対象〕の中で第一のものは同一である。なぜなら、欲望の対象は善に見える〔だけの〕ものであるが、意志の第一対象は〔本当に〕善であるものだからである。〔つまり〕我々が欲求するから〔善に〕思われる〔善と認識される〕というよりもむしろ、〔善に〕思われる〔善と認識される〕から我々は欲求するのである。実際、知性認識が〔欲求の〕始まりなのである。ところで、知性は知性認識対象によって動かされるが、〔知性認識対象の〕一方の列はそれ自体で知性認識対象である〔他方の列は他のものによる知性認識対象である〕。その中では実体が第一のもので、実体の中では純一で現実態に即したものが第一である。(7)

アリストテレスによれば、動くものは必ず他のものに動かされる。というのも、運動変化とは、可能態にしかないものの現実化である。それは現実態との接触によって生じる。しかし可能態にしかないものは、決して現実態にはないのである。

そしてその動かすものもまた動くならば、それもまた他のものに動かされる。これが上記の「動かされかつ動かすもの」である。しかし引用三によれば、この連鎖は無限には続かない。どこかに第一動者、すなわち、動かされないで動かす不動の動者が存在する。(8) 不動の動者は欲求対象、知性認識対象のように動かす。アリストテレスはこれを神と呼ぶ。(9)

引用三でアリストテレスは、欲求対象と知性認識対象の中で第一のものは同一だと語っている。これは一体どういう意味であろうか。この疑問を解くカギは、まず次の文にあるように思われる。すなわちここでは、「欲望の対象は善に見える〔だけの〕ものであるが、意志の第一対象は〔本当に〕善であるもの」と語られている。ここでの「善」（カロン）を欲求対象、「欲望」（エピトゥミア）を感覚認識に基づく欲求、意志（ブレシス）を知性認識に基づく欲求と理解すれば、本当の欲求対象は知性認識対象でもあるということになる。その場合上記の、欲求対象の中で第一のものとは、本当の欲求対象である知性認識対象ということになるだろう。また、「〔善に〕思われる〔善と認識される〕から我々は欲求する」というのは、次の「知性認識が〔欲求の〕始まり」と同じ意味であろう。

では、知性認識対象の中で第一のものとは一体何のことであろうか。引用三によれば、他のものによるのではなく、それ自体で知性認識対象であるものの中で第一のものは、現実態に在る純一な実体である。ここで語られている「第一」とは、上述のことから類推して言えば、「本当の」という意味であろう。その場合、それ自体で知性認識対象であるものの中で第一のものとは、本当にそれ自体で知性認識対象であるものということになるだろう。

本当にそれ自体で知性認識対象であるものが、現実態に在る純一な実体であるとは、どういう事態であろうか。知性認識対象であるものが、そういうものであるかぎりで現実態に在るということは、この場合の知性認識対象は、ただ単に知性認識され得るという可能態に在るのではなく、すでに現実態において知性認識されているということになるだろう。そのためには、このような知性認識対象は知性認識者に受け取られて現実に知性認識されていなければならないだろう。なおかつこの知性認識対象は純一である。だから、そこでは、知性認識対象と、それを知性認識する活動と、それを行う知性認識者とは純一でなければならないことになるであろう。

だから引用三によれば、本当の欲求対象は、本当にそれ自体で知性認識対象であり、それは現実態に在る純一な実体である。すなわち、純一に知性認識対象でありかつ知性認識活動でありかつ知性認識者である実体である。そしてこれこそが、アリストテレスが神と呼ぶ不動の動者であるように思われる。

以上の通り、アリストテレス『形而上学』第十二巻第七章によれば、何か動くものが存在すれば、必ず不動の動者が存在する。それは第一の、つまり本当の欲求対象（善）であり、本当にそれ自体で知性認識対象であり、現実態に在る純一な実体、すなわち、知性認識対象でありかつ知性認識活動でありかつ知性認識者である。これをアリストテレスは神と呼ぶ。この神は、アリストテレスが同じく第九章で語った知性、すなわち、最善であるがゆえに、現実態に在る知性認識活動、つまり、知性認識が知性認識を知性認識する活動であるがゆえに、自身しか知性認識しないものと同じものを指していると思われる。

第二章　アヴェロエス『矛盾の矛盾』における神認識

一　アヴィセンナにおける神認識の問題

アリストテレスにおける神認識批判

ガザーリーは彼の『哲学者の矛盾』第一部第三問題Ⅲで、アリストテレス『形而上学』第十二巻第九章のような考えを次のように要約している。

引用一

もし、第一者は自身だけを知性認識し、彼〔第一者〕の自己認識は彼〔第一者〕自身であり、それゆえその〔第一者の〕知性認識と知性認識者と知性認識対象は一つで、自身以外を知性認識しないと言われるならば、……(1)

ここでは、第一者〔神〕が自身だけを知性認識するということと、第一者の自己認識が第一者自身であるということとが語られている。そしてここから、第一者の知性認識と知性認識者、知性認識対象が一つであるということが導出され、第一者が自身以外を知性認識しないということが再び確認されている。

第一章引用一では、神である知性は自身を知性認識すると語られた。そしてそれを我々は、神である知性が自身だけを知性認識するという意味で解釈した。さらに当該箇所では、その知性認識は「知性認識の知性認識」であるとされた。そしてこれを我々は次のように解釈した。すなわち、神である知性は、知性認識活動であると同時に、その知性認識の主体でもあり対象でもある。本章引用一でのガザーリーの解釈はこの我々のアリストテレス解釈と軌を一にすると思われる。

ガザーリーはさらに同箇所で、このような考えをもしアヴィセンナが取るとしたら生じるはずの不都合を次のように指摘する。

引用二

この場合、原因〔第一者〕から流出するものは一つだけだが、それ〔流出した結果〕から流出するのは三つのものであり、第一者は自身だけを知性認識するが、これ〔結果〕は自身と、原理そのもの〔第一者〕と、諸結果そのものとを知性認識するかぎりで、結果が原因よりもより高貴なものであるだろう。神について言うことがこの程度に帰着するのに満足する者は、これ〔神〕を、自身とこれ〔神〕とを知性認識するすべての存在者よりもより下位のものにしてしまっているのである。なぜなら、もしそれ〔神〕が自身しか知性認識しないならば、それ〔神〕と自身とを知性認識する者は、それ〔神〕よりもより高貴だからである。だから、彼ら〔哲学者たち〕においては、〔神を〕高めることに没頭することが、その〔神の〕高みから学ぶことすべてを無にし、彼らは彼〔神〕の状態を、世界で起こっていることを自分では知らない死者の状態に近

付ける結果に終ってしまっているのである。ただ自己認識においてのみ彼〔神〕は死者と異なる。(2)

第五章の一で詳しく見る通り、アヴィセンナはアリストテレス宇宙論を新プラトン主義的に解釈する。すなわち、第一者から第一知性が流出し、第一知性から第一天（最外天）の魂、第一天体（球）、第二知性が流出し、第二知性から第二天の魂、第二天体（球）、第三知性が流出し……というようにして宇宙は成立しているとアヴィセンナは考える。

引用二によれば、もし第一者が自身しか知性認識しないならば、第一知性は自身と第一者と自身の結果である三つのものとを知性認識するので、結果である第一知性の方が、原因である第一者よりもより高貴であり、上位のものとなってしまう。

同箇所のガザーリーによれば、引用一のような立場が、第一者は自身しか知性認識しないと考えるのは、そう考えないと第一者に多性を認めることになってしまうからである。

引用三

第一者は自身だけを知性認識すると考える人はだれでも、〔そのように考えるのは〕多性が不可避となることを警戒してのことである。なぜなら、もしそれ〔第一者の他者認識〕を主張するならば、その人は、自身についての彼〔第一者〕の知性認識とは別に、他者についての彼〔第一者〕の知性認識を主張しなければならないからである。(3)

確かに第一章で、アリストテレスの考える神が、自身だけを知性認識すると考えられたのは、この神自身が現実態に在る知性認識活動であると考えられたからであった。すなわち、知性認識活動とは、知性認識者が知性認識対象を知性認識することであるから、この知性自身がその知性認識活動全体であるならば、当然、知性認識対象も自身であり、他のものではないはずだからである。この場合、この神である知性認識にはいかなる多性も見出されないことになるであろう。

アヴィセンナにおける神認識

ただしガザーリーによれば、アヴィセンナらは実際には、引用一のような見解を破棄し、第一者は自身以外のものをも知性認識すると主張する。

引用四

イブン・スィーナー〔アヴィセンナ〕とすべての著名な人々は、この見解の醜悪さのゆえにこれを破棄し、次のように主張する。すなわち、第一者はそれ自身を、それ〔第一者〕から流出するものの流出のための原理と知り、存在するすべてのものを、個別的ではなく普遍的な知性認識によって、それらの種において知性認識する。(4)

引用四の内容をガザーリーは同書第一部第六問題でさらに敷衍する。まず、「存在するすべてのものを、個別的ではなく普遍的な知性認識によって、種において知性認識する」をガザーリーは次のように言い換える。

引用五

第一〔の立場〕は、イブン・スィーナー〔アヴィセンナ〕が選んだものである。なぜなら彼は次のように主張したからである。すなわち、それ〔第一者〕はすべてのものを、時間のもとにない普遍的な仕方で知り、その知の更新が、知る者自身の変化を必然的に伴うところの諸々の個物は知らない。(5)

この箇所によれば、引用四の「普遍的な知性認識によって、種において知性認識する」とは、時間のもとにない普遍的な仕方で知るということである。それに対して個物は時間において変化するので、個物についての知も変化する。だから、個物を知る者も変化する。ここで、第一者は個物を認識しないと語られているのは、アリストテレスにおいてと同様、第一者は変化しないと考えられているからであると思われる。

さらにガザーリーは同箇所で、引用四の「第一者はそれ自身を、自身から流出するものの流出のための原理と知」るということを次のように説明して、第一者による他者認識の仕方を示す。

引用六

彼〔第一者〕は〔自身より〕他のものを第一義的に知るのではなく、自身をすべてのものの原理と知る。なぜならすべてのものの知は彼〔第一者〕に第二義的に伴うからである。というのも〔第一者が〕自身を知ることができるのはただ、原理としてのみだからである。なぜならこれが彼〔第一者〕自身の実現だからである。そして〔第一者が〕自身を自身以外のものの原理と知ることができるのはただ、〔自身より〕他のものが彼〔第一者〕の知に、内包、必然という仕方で入って来る場合のみである。彼〔第一者〕自身に必然的諸属性〔他者認識〕があるということは、ありそうにないことではない。このことがそれ〔第一者〕自身の本質に多性を生じさせることはない。あり得ないのはむしろ、それ〔第一者〕自身そのもののうちに多性〔がある〕ということである。(6)

この箇所によれば、第一者は自身を自身以外に存在するすべてのものの原理としてしか知ることができない。だから第一者にはそれらのものの知が伴う。すなわち、第一者以外のものの認識が第一者の自己認識に「内包、必然という仕方で入って来る」。つまり必然的に内包される。この認識は第一義的、基本的には第一者の自己認識であるが、そこに第一者以外のものの認識も必然的に内包されるという意味で、第二義的、副次的には第一者以外のものの認識でもある。

引用四によれば、確かにアヴィセンナは引用一のような立場を破棄した。すなわち、第一者は自身以外のものも認識すると考えた。しかし引用六によれば、それはあくまでも、第一者自身の本質のうちに多性が生じない仕方でであった。つまりアヴィセンナは、引用一の立場と同様、第一者に多性は認めないのである。

以上の通り、ガザーリーが解釈するアヴィセンナによれば、第一者（神）は自身を、自身以外に存在するすべてのものの原理としてのみ知性認識する。だから第一者（神）の自己認識には他者認識が必然的に内包される。実際、アヴィセンナ自身も、『治癒の書』「神的学（形而上学）」第八巻第六、七章で、ガザーリーによるアヴィセンナ解釈と同様の見解を述べている。

引用七

彼〔第一者〕は、存在するすべてのものの原理である。だから〔第一者は〕、彼〔第一者〕がそれの原理であるところのものを、自身から知性認識する。(7)

引用八

必然存在〔第一者〕がすべてのものを知性認識するのはただ普遍的な仕方でのみである。(8)

引用九

彼〔第一者〕が自身を知性認識し、かつ、彼〔第一者〕が、存在するすべてのものの原理であるということを知性認識するならば、彼〔第一者〕は、彼に由来する諸存在者の諸原理と、これら〔諸原理〕から生じたもの〔諸存在者〕とを知性認識する。(9)

引用十

彼〔第一者〕は諸事物を、それらによって〔第一者が〕その〔第一者の〕実体において多数化されることなく、一度に知性認識する。(10)

引用十一

彼〔第一者〕は自身を知性認識し、かつ、彼〔第一者〕はすべてのものの原理であると知性認識する。こうして〔第一者は〕すべてのものを自身から知性認識する。(11)

これらの箇所では、第一者の他者認識が、他者の原理たる自身を知性認識することによってなされること、それは普遍的な仕方でなされること、それは第一者の実体・本質に多性を及ぼさないことなどが語られていると思われる。

ガザーリーによるアヴィセンナ批判

以上のようなアヴィセンナの立場に対してガザーリーは、『哲学者の矛盾』第一部第六問題で反論を展開する。すなわち、第一者の自己認識に他者認識が必然的に内包されるならば、たとえ引用六や十で述べられているように、第一者の本質・実体に多性は生じないとしても、第一者の知性認識には多性が生じてしまう。

引用十二

彼〔第一者〕は自身を原理と知るというあなたがた〔アヴィセンナ的立場の人々〕の発言は独断的なものである。むしろ〔第一者は〕自身の存在だけを知るのでなければならない。なぜなら、彼〔第一者〕は原理であるという知は、その〔第一者の〕存在についての知に付け加えをするからである。というのも、原理であるということは、それ〔第一者〕自身にとって関係だからである。それ〔第一者〕自身を知っていて、それ〔第一者〕が有する関係を知らないということは、あり得ることである。(12)

引用十三

だから、強制が働いているのは、彼〔第一者〕は彼〔第一者〕が原理であると知るという彼ら〔アヴィセンナ的立場の人々〕の発言においてに過ぎない。その理由は以下の通りである。すなわち、これ〔第一者が原理であるということ〕のうちには、それ〔第一者〕自身の知と、その〔第一者の〕原理であるということの知とが〔在る〕。そしてこれ〔第一者が原理であるということ〕はその〔第一者が有する〕関係である。この関係は、それ〔第一者〕自身とは別である。だから、我々が述べた証明により、その〔第一者が有する〕関係についての知と、それ〔第一者〕自身についての知とは別である。つまり、その〔第一者の〕原理であるということについての知なしに、それ〔第一者〕自身についての知を考えることは可能であるが、それ〔第一者〕自身についての知なしに、それ〔第一者〕自身についての知を考えることは不可能である。なぜならそれ〔第一者〕自身は一だからである。[13]

つまりガザーリーによれば、第一者が自身以外のものの原理であるということは、第一者がそれらのものと有する関係である。この関係は、第一者自身とは別である。[14] だから、第一者が自身以外のものの原理であるという、第一者が有する関係についての知と、第一者自身についての知とは別である。それゆえ、アヴィセンナの立場に立つならば、第一者の知性認識には多性があるのでなければならない。

実際アヴィセンナは彼の『治癒の書』「神的学（形而上学）」第八巻第七章で、第一者が原理であるとは諸々の知性認識対象、諸形相へと至る諸関係のことであると認めている。

引用十四

彼〔第一者〕が有し、彼〔第一者〕自身に後続する諸々の知性認識対象、諸形相はただ、魂的〔感覚的〕ではなく、知性的な知性認識対象の在り方でのみ知性認識可能である。彼〔第一者〕が有し、それら〔諸々の知性認識対象、諸形相〕にまで至るのはただ原理という関係のみである。原理とは〔何かが〕それに由来するところのものであって、〔何かが〕それに属するところのものではない。[15]

第一者の本質・実体に多性がなければ、その知性認識に多性があるのは構わないという再反論を、アヴィセンナ側からガザーリーに対してすることは可能かもしれない。しかしそれでは少なくともアヴィセンナは第一者を、アリストテレスが彼の『形而上学』第十二巻七、九章で考えたような神、すなわち、現実態に在る純一な実体、知性認識の知性認識（知性認識が知性認識を知性認識する活動）とは考えないことになる。なぜならこの場合、知性認識主体と知性認識対象と知性認識活動とは全く純一でなければならないからである。その点についてアヴィセンナ自身がどのような立場であったのかについては、別の研究に譲らなければならない。

以上の通り、アヴィセンナによれば、第一者はそれ以外に存在するすべてのものの原理であるがゆえに、第一者の自己認識には他者認識が必然的に内包される。しかしガザーリーによればその場合、第一者自身についての知と、第一者がそれ以外のものと有する関係についての知とが第一者に別々に備わることになる。それではもはやアヴィセンナの考える神は、アリストテレスが考えた知性認識の知性認識という神ではないことになるであろう。

二　アヴェロエスにおける神認識

最高の諸存在者、普遍でも個別でもない知

以上の議論に対してアヴェロエスは、彼の『矛盾の矛盾』におけるガザーリー『哲学者の矛盾』第一部第三問題Ⅲ対応箇所で、次のように応答する。すなわち、アヴェロエスによれば、第一原理（第一者）が自身から知性認識するのは「最高の諸存在者」である。

引用十五

もし第一原理が、彼〔第一原理〕自身しか知性認識しなかったとしたらその場合、彼〔第一原理〕は、〔第一原理が〕造ったものすべてを知らない〔ことになってしまう〕ので、〔哲学者たちは〕彼〔第一原理〕を辱めているということ〔問題〕については次の通りである。すなわち、このこと〔上記不都合〕が成り立っているとすればそれは、〔第一原理が〕ものを彼〔第一原理〕自身から知性認識している場合はいつでも、それ〔知性認識されるもの〕は絶対に諸存在者以外〔第一原理〕の場合のみである。〔しかし哲学者たちが〕言っているのはただ次のことに過ぎない。すなわち、〔第一原理が〕彼〔第一原理〕自身から知性認識するのは、最高の存在で存在している諸々のものである。そしてそれ〔その知性認識〕は、諸存在者の原因である知性認識である。我々の知性認識の状態と同じ様に、それら〔諸存在者〕がその〔第一原理の〕知性認識の原因であるということから〔第一原理が〕諸存在者を知性認識するということによって〔第一原理は知性認識するの〕ではない。〔中略〕彼〔第一原理〕の知について、これ〔第一原理の知〕は普遍〔知〕であると言うことは不可能であり、個別〔知〕〔であると言うこともまた〕不〔可能〕である。なぜなら普遍〔知〕も個別〔知〕も諸存在者の結果だからである。これらの知〔普遍知と個別知〕のどちらも不完全な存在者である。[16]

この箇所によれば、第一原理がもの・何かを自身から知性認識する場合、第一原理に知性認識されるもの・何かが絶対に、諸存在者以外のものである第一原理でしかないならば、この箇所冒頭で述べられているような問題が生じる。ということは逆に言えば、もし第一原理が自身から知性認識するもの・何かが第一原理以外のものでもある場合、上述のような問題は生じないということになるだろう。

ところでこの箇所において、第一原理が彼自身から知性認識するとされている「最高の存在で存在している諸々のもの」が一体どのようなものを指しているのかははっきりしない。この疑問を解く手がかりは、そのような第一原理の知性認識が、「諸存在者の原因である知性認識」だとされている点にあるように思われる。というのも、このような知性認識は、我々の知性認識の状態と対比されている。我々の知性認識は、諸存在者を原因とし、かつ対象とする。実際、我々が知性認識するときはいつでも、その対象となる諸存在者はすでに存在しているのである。だから、第一原理が知性認識する「最高の存在で存在している諸々のもの」、つまり最高の諸存在者は、我々の知性認識の原因であり、対象であるかぎりでの諸存在者とは異なるということが分かる。

さらにこの箇所によれば、普遍知や個別知は、このような諸存在者の結果であるので、このような諸存在者の原因である第一原理の知を、普遍知や個別知と言うことはできない。実際、ここで語られている個別知とは感覚認識のことであり、普遍知とは、感覚認識から抽象されて得られる知性認識のことであると思われる。これらのような認識は、まず諸存在者が存在して、その後で成立する。

以上の通り、アヴェロエスによれば、第一原理が自身から知性認識するのは最高の諸存在者であり、この知性認識は諸存在者の原因であるがゆえに普遍知でも個別知でもない。では、そのような最高の諸存在者とは一体何なのであろうか。我々の知性認識の原因であり、対象であるかぎりでの諸存在者とどのように異なるのであろうか。また、第一原理の知性認識は、普遍知でも個別知でもないとすれば、それは一体どのような知だというのであろうか。

諸存在者の構造の実現

アヴェロエスによればこの最高の諸存在者とは「諸存在者の構造の実現」のことであるように思われる。アヴェロエスは彼の『矛盾の矛盾』におけるガザーリー『哲学者の矛盾』第一部第六問題対応箇所で次のように述べる。

引用十六

① もし質料のないものが在るならばその場合、それについての知性認識〔質料のないものを知性認識すること〕は、あらゆる点でその知性認識対象〔質料のないもの〕である〔と同一である〕。そしてこれは諸々の知性認識対象の知性認識でもあり、確実にそうである。なぜならこの知性認識は、存在する諸事物の構造、構成の実現に他ならないものだからである。そして、離在的知性認識であるもの〔質料のないものを知性認識すること〕において、〔そのような知性認識は〕存在する諸事物とそれらの構造を知性認識することに関して、存在する諸事物に依存せず、その知性認識対象は、それら〔存在する諸事物〕に後続しないことは、最大限に必然的である。

② 実際、構造を与えるこれら〔存在する諸事物〕による知性認識はすべて、諸存在者のうちに存在する構造に依存し、それ〔構造〕によって完成されるのである。そしてこれ〔このような知性認識〕は必然的に、諸事物について知性認識することにおいて不十分である。それゆえ我々の知性認識は、諸存在者の諸々の自然本性が、それらに存在している構造、構成に関して必要とするものに不足している。

③ だからもし、諸存在者の諸々の自然本性が、その知性認識の規定に従っており、我々の知性認識が諸存

在者の諸々の自然本性の実現に不足しているならばその場合、存在している或る存在者のうちに存在している構造・構成・知恵の原因であるところの構造・構成の知が存在しなければならない。この知性認識〔知〕は、諸存在者のうちに在る構造の原因である、構造の構造でなければならない〔①②③は訳者〕[17]。

この箇所の③によれば、「存在している或る存在者のうちに存在している構造・構成・知恵の原因であるところの構造・構成の知が存在しなければならない」。そして「この知性認識（知）は、諸存在者のうちに在る構造の原因である、構造の構造でなければならない」。引用十五で「諸存在者の原因である知性認識」とされた第一原理の知も、この箇所で語られている、諸存在者の構造の原因である構造知のことであるように思われる。

実際、③によれば、このような諸存在者の構造の原因である構造知が存在しなければならないのは、「諸存在者の諸々の自然本性が、その知性認識の規定に従って」いるにもかかわらず、「我々の知性認識が諸存在者の諸々の自然本性の実現に不足している」からである。つまり、②にあるように、「我々の知性認識は、諸存在者の諸々の自然本性が、それらに存在している構造・構成に関して必要とするものに不足している」からである。ではなぜそのように不足しているのか。それは②によれば、我々の知性認識が「諸存在者のうちに存在する構造に依存し、それ（構造）によって完成される」からである。このような知性認識は「必然的に、諸事物について知性認識することにおいて不十分」である。このことは、引用十五でも語られていたように思われる。つまり、我々の知性認識は、まず諸存在者が存在し、その後で成立するのである。

①によれば、そのような我々の知性認識に対して、質料のないもの、すなわち非質料的・非物体的なものについての知性認識は、「存在する諸事物とそれらの構造を知性認識することに関して、存在する諸事物に依存せず、

その知性認識対象は、それら〔存在する諸事物〕に後続しない」。だから、諸存在者の自然本性を規定し、諸存在者の構造の原因である構造知とは、ここで語られている非質料的なもの・非物体的なものについての知性認識のことであると思われる。

そしてこのような知性認識は、同じく①によれば、「あらゆる点でその知性認識対象〔質料のないもの〕である〔と同一である〕」。つまり、諸存在者の構造知と、それが知性認識する諸存在者の構造とは同一である。しかも「この知性認識は、存在する諸事物の構造、構成の実現に他ならない」。だから、第一原理が自身から知性認識していると引用十五でアヴェロエスが語っていた最高の諸存在者とは、引用十六で語られているような、諸存在者の構造知と同一の、諸存在者の構造の実現のことであるように思われるのである。

第一原理＝諸存在者の実現

上記の通りこの諸存在者の構造の実現は第一原理の知性認識と同一である。ところで引用十五でアヴェロエスが第一原理と呼んでいるのは、アリストテレスが彼の『形而上学』第十二巻第七、九章で神と呼んでいた不動の動者、知性認識の知性認識のことであると思われる。それゆえ、第一原理はその知性認識と同一であると思われる。したがって、第一原理自身が諸存在者の構造の実現であると言うことができるように思われるのである。実際アヴェロエスは引用十六に続けて次のように語る。

引用十七

そしてこの〔諸存在者の構造の〕実現は普遍性としては特徴付けられない〔のでなければならない〕。個別性〔として特徴付けられないの〕は言うに及ばずである。なぜなら、普遍的知性認識対象は諸存在者に続いて後に来るが、諸存在者はこの知性認識に後続するからである。実際これ〔この知性認識〕は、それをそれ自身から知性認識することによって、諸存在者の必然性を知性認識するものであり、諸存在者のうちに存在する構造、構成を知性認識することによって、それ自身の外に在るものを〔知性認識するもの〕ではないからである。実際〔後者の場合〕それ〔知性認識〕は、〔その知性認識が〕知性認識する存在者の結果であって、それ〔存在者〕の原因ではないだろうし、〔その存在者を知性認識するには〕不足だろう。(18)

この箇所によれば、諸存在者の構造の実現たる第一原理の知性認識は、普遍知でもなければ、個別知でもない。なぜなら、普遍的知性認識対象は（もちろん個別的認識対象も）諸存在者に後続するが、諸存在者は諸存在者の構造の実現に後続するからである。では、諸存在者の構造の実現たる知性認識は一体どのような知なのであろうか。それは、それ自身から諸存在者の必然性・構造・構成を知性認識するが、そのことによって、それ自身の外に在るものを知性認識するわけではない。つまり、普遍知や個別知の場合は、認識者がそれ自身の外に在る存在者を認識するのに対して、諸存在者の構造の実現たる知性認識では、ただそれ自身のみを知性認識することによって、諸存在者を知性認識する知であるように思われる。

第一原理と人間における知の相異

それとは対照的に我々の知性認識は、引用十六②によれば、諸存在者の構造に依存し、その構造によって完成されるがゆえに、諸存在者の構造に必要なものが不足しており、諸存在者の知性認識には不十分であり、同③によれば、諸存在者の実現に不足している。

たとえば我々は、感覚認識たる個別知によって様々な人間を認識するが、時間空間を超えてすべての人間を隈なく認識できるわけではない。だから、人間についてのそのような不十分な個別知から抽象された、人間についての普遍知もまた不十分である。実際我々は、人間についての普遍知によって、人間を造り出すことはできないのである。

このような普遍知が第一原理の知ではあり得ないことについてアヴェロエスは彼の『矛盾の矛盾』におけるガザーリー『哲学者の矛盾』第一部第六問題対応箇所で次のように説明する。

引用十八

我々の知性認識は、諸存在者による、可能態における知であって、現実態における知ではない。この可能態における知は、その現実態における知〔第一原理の知〕に足りない。より普遍的な我々の知性認識であるものはすべて、可能態における知、知の不足に分類される。しかし永遠の知〔第一原理の知〕においては、〔この知が〕いかなる仕方であれ不足しているというのは真ではなく、可能態における知である知がそれ〔永遠の知〕のうちに在るというのも〔真では〕ない。実際可能態における知は質料に関する知なのである。だからこの人々〔哲学者たち〕は、第一の知は現実態における知でなければならず、そこ〔第一の知〕に普遍性は全く存在せず、類から生じる諸種の多数性と同様に可能態から生じる多数性も〔存在し〕ないと示唆しているのである。(19)

我々の知性認識が諸存在者による知であるというのは上述のことから容易に理解できる。しかしそれが「可能態における知であって、現実態における知ではない」とは一体どういう意味であろうか。我々の知性認識にも当然、現実態における知もあるのではないだろうか。

確かに、我々の知性認識においてより普遍性の高い知は、より内容（内包）が希薄である。だからそれは、対象を現実に知っているというよりもむしろ、対象を知り得る状態にあるに過ぎないと言い得る。実際我々が、人間一般について知性認識する場合よりも、動物一般について知性認識する場合の方が、動物一般について知性認識する場合よりも、生物一般についての場合の方が、生物一般についての場合よりも、物体一般についての方が、知性認識する内容はより薄い。その意味で、より普遍的な普遍知はその分だけ可能態における知であると言うことができるかもしれない。

しかしそれなら、アヴェロエスによれば、どんな普遍知も個別知から抽象されたものであり、個別性を捨象しているのであるから、個別知と比べれば内容が薄いと言うことができるように思われる。その意味で、つまり、知らないことを必ず含むという意味で、普遍知は可能態における知であると言うことができるであろう。

それに対して、引用十五でアヴェロエスが「第一原理」と語っていたのは、アリストテレスが彼の『形而上学』第十二巻第七章において、現実態に在る純一な実体と呼んでいた知性認識のことだと思われる。だから、このような知性認識が、上記のような意味で可能態における知である普遍知だということはあり得ないのである。

さらにアヴェロエスは彼の『矛盾の矛盾』におけるガザーリー『哲学者の矛盾』第七問題対応箇所で、アヴィセンナを次のように批判している。

引用十九

イブン・スィーナー〔アヴィセンナ〕は、〔意味が〕一致している〔一義的な〕名称が表示する〔同名同義的〕自然本性と、語しか、あるいは、離れた〔かなり異なる意味〕表示しか共有しない〔同名異義的〕諸自然本性との中間に在る〔類比的〕自然本性が在ることを認めないので、この〔ガザーリーの〕反論は彼〔アヴィセンナ〕に妥当する。(20)

確かに人間の知性認識も第一原理の知性認識もどちらも知性認識と言われる。しかしアヴェロエスによれば、人間の知性認識と第一原理の知性認識は同名同義的ではない。なぜなら上述の通り、人間の知性認識は個別知から抽象された普遍知であるが、第一原理の知は決してそうではないからである。しかしだからといって両者は全く同名異義的なわけでもない。同名同義と同名異義の中間である類比的な関係に在るのである。

この点をアヴィセンナは認識せず、第一原理の知性認識を人間の知性認識と同じ普遍知と見なしてしまったために、普遍知に在るような多性を第一原理に認めざるを得なくなり、ガザーリーの批判を受けてしまったとアヴェロエスは考えているように思われる。

以上の議論から、アヴェロエスは、アヴィセンナやガザーリーとは異なり、神は、自身しか知性認識しないが、それによって同時にすべての存在者を知性認識し、なおかつそれらはすべて全く一であると考えているように思われる。

第三章　アヴェロエス『矛盾の矛盾』における天体の動者

アリストテレス宇宙論によれば、宇宙の中心に地球があり、それを複数の透明天球が幾重にも取り巻いており、そこに星が貼り付いていて、星は天球が回転することによって移動する。第一章で示された不動の動者たる神は、このような諸天球、特に、宇宙の最も外側にある第一天球の動者として措定される。

ところで、アリストテレス『形而上学』第十二巻第七章によれば、この不動の動者は、欲求対象や知性認識対象が動かすように天球を動かす（第一章引用三参照）。ところで、欲求対象や知性認識対象が動かすのは、欲求を持ち、知性認識する者である。しかしアリストテレスによれば天球は、それ自体では第五元素と呼ばれる単純物体なので、そのかぎりでは、狭い意味では欲求しないし、間違いなく知性認識はしない。

では、不動の動者を知性認識し欲求することによって不動の動者に動かされながら、単純物体である天球を直接回転させて動かしているものは一体どのようなものなのであろうか。アヴェロエスによればそれは、本章引用十三で見る通り、不動の動者自身であるということになる。

近接原理は純粋知性ではない

アヴィセンナは彼の『治癒の書』「神的学（形而上学）」第九巻第二章で、まず、自然運動と強制運動（反自然運動）というアリストテレスによる運動の区別に言及し、天球の運動は強制に由来するのではなく、自然に由来するのでもなく、意志に由来すると主張する(1)。そしてその上で、天球を直接回転させる近接原理は、純粋に知性的なものではあり得ないとする。

引用一

この〔天球の〕運動の近接原理が、変化も、諸個物を想像することも全くしない純粋に知性的な力であることは不可能である。〔中略〕もしその〔天球の〕運動が自然に由来するならばその場合、それ〔天球〕において更新される運動はすべて、求められる終極の〔天球からの〕遠近が更新されることによるのでなければならない。〔中略〕もし〔天球の運動が〕意志に由来するならば、更新される個別意志に由来するのでなければならない。なぜならこの運動のすべての部分に対する普遍意志の関係は一つ〔同一〕なので、「この」運動ではなく「この」運動が指定されなければならないわけではないからである(2)。

この箇所でアヴィセンナが考えたことは、以下のようなことであったと推察される。すなわち、純粋に知性的なものは、変化することも、諸個物を想像することも全くない。なぜなら、純粋に知性的なものは全く非物体的であり、時間空間を超えているので、そのようなものは、変化することも、時間空間のうちに在る諸個物を想像することもあり得ないからである。

しかし、天球運動の近接原理には、変化と諸個物の想像とが必要である。その理由は以下の通りである。すなわち、アリストテレスによれば、自然運動の場合、その自然に本性的な場所に近付けば近付くほど加速する。たとえば、土という元素の場合、その形相、つまり自然にとっては、宇宙の中心たる地球の中心が自然本性的な場所であるので、そこに近づけば近づくほど加速する。また火という元素の場合、その形相、すなわち自然にとっては、月天球近辺が自然本性的な場所であるので、そこに近づけば近づくほど加速する。(3) その意味で自然運動は、引用一で語られている通り、目的地・終極の遠近が更新されることによって加速する。

天球運動の場合も同様である。確かにアリストテレスによれば天球は、それに自然本性的な場所に初めから存在し、そこで永遠に回転し続け、加速もしない。しかし、天球運動は円運動という曲線運動なので、その目的地・終極自体が時々刻々変化する、すなわち更新される。だがら、自然運動の場合のように、目的地・終極の遠近が変化することがないので、天球の運動の場合には、その近接原理が変化しなければならない。そしてそのような原理は、普遍意志しか有さないものではなく、時々刻々変化する目的地・終極を想像し、それに従って更新される個別意志を有するものでなければならないのである。実際アヴィセンナは同箇所で「運動とは〔一般に〕、関係の更新される内容のことである」(4) と言っているのである。

普遍意志で十分

これに対してガザーリーは彼の『哲学者の矛盾』第一部第十六問題で次のように反論する。すなわち、アヴィセンナは上記の通り天球運動を、時々刻々目的地・終極が変わる無数の運動の集成（正無限角形）として考えたようだが、それに対してガザーリーは、アリストテレスの見解では、天球運動は一つであるはずだと主張する。

引用二

むしろその場合、あなたたち〔哲学者たち〕の見解では、その物体〔天球〕に部分はない。なぜならそれ〔天球〕は一つのもの〔単純物体〕であり、分割されるのはただ想像によってのみだからである。また運動のうちにも〔部分は〕ない。なぜならそれ〔運動〕は連続によって一つ〔単純運動〕だからである。(5)

ガザーリーによれば、元素は単純物体なので、縦横高さはあり、その意味での部分はあるが、複合性に由来するような部分は有していない。それゆえその運動にも、縦横高さはあるにせよ、複合性に由来するような部分は存在しない。

この反論はアリストテレス『天界論』第一巻第三章の次のような考えを踏まえていると思われる。

引用三

単純物体の動きは単純でなければならず、次の運動だけが単純な運動であるとわれわれは主張する。すなわち円運動〔第五元素の運動〕と直線運動〔四元素の運動〕である。直線運動の二つの部分は、中心からの運動〔上昇運動〕と、中心への運動〔落下運動〕である。(6)

そしてこのことからさらにガザーリーはアヴィセンナに対して、このような天球運動のためには普遍意志で十分であるとする。

引用四

それゆえ、〔天球の〕領域は一つ、物体〔天球〕は一つ、〔天球の運動の〕方向は一つだけである。〔中略〕だからこのように、この〔天球の〕運動において、この運動には普遍意志で十分であり、それ以上は必要ない。(7)

以上の通り、アヴィセンナはアリストテレスに従いつつ、天球を直接回転させる近接原理は、普遍意志の他に個別意志を必要とするがゆえに、純粋知性ではあり得ないとした。これに対してガザーリーは、彼もアリストテレスに従いつつ、天球を直接回転させる近接原理には普遍意志で十分であるとした。

普遍的想像から普遍意志

以上の議論を受けてアヴェロエスは彼の『矛盾の矛盾』におけるガザーリー『哲学者の矛盾』第一部第十六問題に対応する箇所で、まず、ガザーリーが考えるような普遍意志の基となる普遍的想像という考えを提示する。

引用五

諸々の知性認識を有する者から個別活動が出て来ないというのは、この〔個別活動の〕内容が普遍的想像によって想像されるものである場合に関してでなければのことである。この場合、これ〔この内容〕からは無限の個物が出て来るのである。それはたとえば次のような場合である。すなわち、食器棚の形相が〔食器棚〕製作者から出て来るのはただ、或る食器棚を或る食器棚と区別しない知を普遍的に想像するかぎりにおいてのみである。また、諸動物から、その自然本性による諸々の業に由来して出て来るものにおいても事態は同様である。以上のような想像は、普遍的把捉と個別的把捉の中間である。つまり、そういった事物〔業〕の規定と、事物の規定における個物の想像の中間である(8)。

この箇所によれば、知性認識者が個別活動を普遍的想像によって想像すると、知性認識者から個別活動が生じ、そこから無限の個物が生じる。それはたとえば次のような場合である。すなわち、食器棚製作者が食器棚制作について知性認識し、さらに、或る食器棚を他の食器棚と区別しない仕方で普遍的に想像すると、そこで想像された食器棚の形相（或る特定の食器棚のデザイン）が食器棚製作者から生じる。この場合、そのデザインを有する個々の食器棚は、原理的にはいつでもどこでも無限に生じ得る。

だからこのような、知性認識者が個別活動についてする普遍的想像は、「普遍的把捉と個別的把捉の中間である。つまり、そういった事物〔業〕の規定と、事物の規定における個物の想像の中間である」。ここで「事物の規定」とは恐らく普遍（概念）のことだろう。「事物の規定における個物の想像」とは恐らく、或る普遍に属する個、たとえば、人間という普遍に属する個々の人間についての想像だろう。つまり、ここで語られている想像は、想像である限りでは、人間の知性認識対象たる普遍の把捉ではない。しかしその一方で、個々の物を区別しないで想像しているかぎりでは、完全に個別的な把捉でもない。

そして同箇所でアヴェロエスは、もし天体が想像するとしたら、その想像はこの普遍的想像のはずであると主張する。

引用六（引用五の続き）

だから、もし諸天体が想像していたとしたらその場合、普遍が有する自然本性に由来する想像と同じ仕方で〔想像するの〕であって、諸感覚から獲得される個別的想像〔の仕方で〕ではない。我々の〔人間としての〕諸活動が個別的想像から生じるものであるということも不可能である。このためこの人々〔哲学者たち〕は次のように考えるのである。すなわち、或る特定の諸動物の活動がそこから生じるところの想像された諸形相は、知性認識可能な諸形相と、個別的に想像される諸形相の中間のようなものである。それはたとえば、小鳥が猛禽からそれによって離れるところの形相や、蜂がそれによってその巣を作るところの形相などである(9)。

或る小鳥が自然本性によって、天敵である猛禽から逃げる場合、その小鳥は何らかのイメージを持っているだろう。しかしそれは、その時そこでだけする動きのイメージではなく、いつでもどこでも、同じ状況になればするであろう動きのイメージだろう。同様に、蜂が自然本性から巣を作る場合、何らかのイメージなしには巣を作ることはできないだろうが、それは、その時そこでだけ作る巣のイメージではなく、巣を作るときにはいつでもどこでもそうであるような巣のイメージだろう。

人間が何かをするとき、その時そこでだけする何かをイメージしてする場合もあるだろう。しかし、人間が人間として、すなわち、知性を有する動物として、何らかの知性認識に基づいて何かをする場合、もし考えが変わらなければ、同じ状況では同じことをするだろう。その場合その人間が持っているイメージは、その時そこでしかしないことのイメージではなく、いつでもどこでもそうするイメージだろう。

天球が回転するのも同様である。アリストテレスによれば天球は、すべての部分において永遠に同様に動く。異なるのはただ、部分の位置によって動く方向やスピードが異なることだけである。

さらにアヴェロエスは同箇所で、このような普遍的想像から普遍意志が生じると主張する。

引用七

この普遍的想像が、個々のものを区別して目指すことはしない普遍意志を駆動するものなのである。〔それに対して〕諸々の個別意志は、一つの種に属する個々のものを区別して目指すものなのであるが、このことは諸天体では起きない。〔その一方で〕普遍的であるということにおける普遍的事物に普遍意志が生じるのは不可能である。なぜなら心外の存在が普遍に属することはなく、普遍は可滅的存在ではないからである。〔中略〕そしてもしこの意志〔普遍意志〕について、それが普遍的〔知性認識〕内容それ自体に付随すると理解されているならばその場合、意志というものは、それ〔普遍的内容〕には全く付随せず、意志がこの構造化するもの〔諸天体〕のうちに在るのはただ、我々が語った点に関してのみなのである。(10)

ここでアヴェロエスは、「普遍的であるということにおける普遍的事物に普遍意志が生じるのは不可能である。なぜなら心外の存在が普遍に属することはなく、普遍は可滅的存在ではないからである」と述べている。恐らくこの箇所におけるアヴェロエスにとって意志（イラーダ）とは、知性外の可滅的存在、すなわち物体を生じさせようとするものなのだろう。

以上の通り、アヴェロエスによれば、もし天体が想像するとしたらその想像は、概念把握と個物の想像の中間である普遍的想像であり、そこから普遍意志が生じるはずである。

天体は想像しない

しかしこの後アヴェロエスは、実は天体は想像しないのだと主張する。

引用八

私が或る事で語ったこと、すなわち、個別的イメージと普遍の中間にある諸々のイメージを諸天体は想像するというのは、説得する説明である。しかし、この人々〔哲学者たち〕の諸原理から必然的であるのは、諸天体は全く想像しないということである。なぜなら、この諸々のイメージは、我々が語った通り、それが普遍的であろうと、個別的であろうと、ただ安全な状態のためだけに在るからである。またそれら〔諸々のイメージ〕は、我々が表象するのにも必要である。だから我々の表象は生成消滅するものなのである。しかし、諸天体の表象は生成消滅するものではないので、想像とは結び付かず、いかなる点でもそれ〔想像〕に依存しないのでなければならない。(11)

確かにアヴェロエスは引用六で、天体は、もし想像するとしたら、普遍的想像で想像すると語っていた。そしてこの普遍的想像は、普遍的把捉と個別的把捉の中間であると引用五で語っていた。しかしそれは、ここでのアヴェロエスによれば「説得する説明」であった。「説得する説明」は恐らく、アヴィセンナやガザーリーを説得するために、アヴィセンナの議論やそれに対するガザーリーによる批判を土台としている、天体は想像するという枠組みに即した説明という意味だろう。

そしてアヴェロエスはここで、天体が想像するということを、哲学者たちの諸原理から否定する。ここで言われている哲学者たちの諸原理とはアリストテレス哲学の諸原理のことであろう。そしてその諸原理には、イメージは安全のためにあるということが含まれていると思われる。このことから、天体が想像するということが否定されるのは、安全が必要なのは可滅的物体だけであるが、天体はアリストテレスによれば不可滅物体なので、安全をまったく必要としないから（常にすでに安全だから）であろう。

では一体、アヴェロエスによれば、天体を直接動かしているものとはどのようなものなのであろうか。アヴェロエスはまず、引用八の後で、引用八の立場から、ガザーリーによるアヴィセンナ批判は妥当であると認める。

引用九

彼〔ガザーリー〕がこの章でイブン・スィーナー〔アヴィセンナ〕に向けた知性的反論は妥当な反論である。なぜなら諸々の個別的距離における諸々の個別的運動は、想像が在るということがそれらに必要なかぎりで、天には存在しないからである。実際、それが位置する諸々の個別的場所において個別的諸運動で運動するところの生物は、その諸々の距離〔個別的距離〕がこれ〔生物〕にその視覚で知覚されない場合は間違いなく、そこへと動くところのそれら〔諸々の個別的場所〕とその諸運動〔個別的諸運動〕とを想像している。しかし、彼〔ガザーリー〕が語った通り、円環的なもの〔天体の円運動〕は、それが円環的であるということから、一つの運動で運動するだけである。(12)

近接動者は純粋知性

それでは、天体においてこのような一つの運動を起こすものは、どのようなものであろうか。アヴェロエスによればそれは純粋知性である。彼は引用九の前後で次のように述べている。

引用十

それゆえ、この〔諸天体の〕把捉は普遍的でもなければ個別的でもない。そうではなく、そこでは〔諸天体では〕必ず二つの知、すなわち、普遍知と個別知は一体であり、ここでそれ〔知〕が区別されるのはただ、諸々の質料において、質料によってのみである。〔中略〕つまり、彼ら〔哲学者たち〕が主張するところによれば、質料から離れている知においては、普遍知と個別知は一つである。そしてもしこのような知がここ〔月下界〕に流出するならば、普遍〔知〕と個別〔知〕に分かれるが、この知〔そのもの〕は普遍〔知〕でもなければ個別〔知〕でもないのである。(13)

アヴェロエスによれば、天体の（近接動者による）把捉は、上述のような普遍的想像ではなく、質料から離れている知、非質料的・非物体的知、すなわち知性認識である。しかもそれは、普遍的でもなければ個別的でもなく、両者が一体であるような知である。すなわち、人間の認識のように、質料的事物・物体についての個別知（感覚認識）と、そこから抽象されて生じる普遍知（知性認識）とが分かれてはいない知である。

上で普遍的想像は、引用五で見た通り、普遍的把捉と個別的把捉の中間であると語られていた。その意味するところは次の通りであった。すなわち、普遍的想像は、想像である限りでは、知性認識対象たる普遍の把捉ではなく、個々の物を区別しないかぎりでは、完全に個別的な把捉でもない。
このような普遍的想像と、ここで語られている非質料的知性認識とは、どのような点で異なり、どのような点で同じなのであろうか。まず、前者が想像であるのに対して、後者が知性認識であるという点で、両者は決定的に異なる。しかし、両者とも、普遍的でもなければ、個別的でもない点では同じである。
ただし、普遍でないと言うとき、普遍的想像が普遍でないのは、知性認識ではないからであるが、それに対して、ここで語られている非質料的知性認識が普遍的でないのは、人間の知性認識とは異なるからである。つまり、個別知から抽象され、それとは区別される普遍知である人間の知性認識とは異なるのである。このことについてアヴェロエスは引用八より少し前で次のように述べている。

引用十一
一般的に、もし〔諸天体が〕知性認識者であるならばその場合、我々の知とそれら〔諸天体〕の知の、知という名は恐らく、その名の分有において〔同名異義的に〕語られている。(14)

ただし、天体における知性認識は、普遍知と個別知が一体になっているとはいえ、このような天体の運動が、個別的諸運動を起こすことによって、月下界において生じさせるのは、個別的諸運動それ自体のためではなく、それらを通して実現される種の保持のためだけである。アヴェロエスは引用九の直後で次のように述べている。

引用十二

たとえこの一つの運動〔天体の円運動〕に、この運動より下位の〔月下の〕存在者において多数化された複数の個別的諸運動が続いたとしても、そうである〔天体の運動は一つである〕。なぜなら、その諸々の個別的なもの〔運動〕が、それの個であるところの種を保持することだけでなければ、諸存在者において、その諸々の個別的なもの〔運動〕によって目指されていることではないからである。その諸々の個別的なもの〔運動〕のうちのどの個別的なもの〔運動〕の個別的存在も、それ〔個別的運動〕が個別的であるということについては、〔目指されていること〕ではない。というのも、もし事態がこのようであるならば、天は必ず想像するものでなければならないからである。(15)

そしてこのように保存された種から、人間の知性認識が個を捨象することによって普遍が生じるのである。それは実際、引用十で、「もしこのような知〔天体の知〕がここ〔月下界〕に流出するならば、普遍〔知〕と個別〔知〕に分かれる」と語られていた通りである。

以上の通り、アヴェロエスによれば、天体を直接動かすのは純粋知性であり、その知は個別知と普遍知が一体であるような知性認識である。これは第二章の二引用十五、十七で語られた知性認識と全く同様である。

作用因でありかつ目的因

『矛盾の矛盾』と同じくアヴェロエス後期の著作と考えられているアヴェロエス『「形而上学」ラムダ巻大注解』においてもアヴェロエスははっきりと、天体の近接動者は純粋知性であると主張する。以下は不動の動者が欲求対象や知性認識対象が動かすように天球を動かすとアリストテレスが語る箇所への註解部分である。

引用十三

上述の各部分から次のことは明らかである。すなわち、これら諸天体は生き物であり、魂が有する諸力の中で諸天体に備わっているのはただ知性と欲求力だけである。つまり、〔諸天体に備わっているのは〕場所における動者〔だけ〕なのである。〔中略〕だから、以上のことから次のようでなければならない。すなわち、この〔諸天体の〕動者は知性である。しかもそれは、この〔諸天体の〕運動の作用者という点で動者であり、かつ、この〔諸天体の〕運動の目的であるという点でも動者である。つまりこのこと〔諸天体の動者が作用者でもありかつ目的でもあるということ〕は、我々においてのみ分けられるのである。〔中略〕だからもし仮に、たとえば風呂の形相が非質料的であるとしたら〔その形相は〕、作用者という仕方と目的という仕方〔両方〕で、そこに何らの相違性も生じることなく、動者であることだろう。それと同様に、諸天体の諸動者について、次のことが理解されるように思われる。すなわち、諸天体の諸動者は、〔作用者と目的という〕二つの仕方で多数化することなく動者である。だから、これらの〔諸天体が有する〕知性認識諸対象は、諸天体に備わる諸形相であるということから、作用者という仕方で動者であり、諸天体の諸目的であるということから、欲求という点で、それら〔諸天体〕から離れて動かすのである。(16)

「〔諸天体に備わっているのは〕場所における動者〔だけ〕なのである」とは、場所的移動以外の運動変化は諸天体にはないので、それらを起こす魂の他の諸能力は諸天体にはないということだろう。実際、魂の他の能力たる栄養摂取能力や感覚能力は間違いなく性質変化を起こす。だから四元素（火、空気、水、土）を必要とする。一方で場所的移動は、知性と欲求力さえあれば可能と考えられているのであろう。

「しかもそれは、この（諸天体の）運動の作用者という点で動者であり、かつ、この（諸天体の）運動の目的であるという点でも動者である」とは、天体の魂、動者たる知性は、天体の作用因であると同時に目的因であるということだろう。「このことは、我々においてのみ分けられる」とは、作用因としての天体の知性と、目的因としてのそれとを区別しているのは、あくまでも我々の知性認識であって、実在的には一つであるという意味だろう。

後期アヴェロエスはしばしば急進的アリストテレス主義者と言われる。それは必ずしも間違いではないかもしれない。しかし少なくともこの問題についてアヴェロエスはアリストテレスと意見を異にする。アリストテレスが彼の『形而上学』第十二巻（ラムダ巻）七、九章で語っている不動の動者はあくまでも諸天体の目的因であり、諸天体の作用因については何も語っていないと見て良いだろう。しかしここでアヴェロエスは、天体の作用因と目的因は実在的には全く一つであると述べているのである。これは大変大きな違いである。

非質料的な風呂の形相とは、風呂製作者が知性認識している風呂のデザインのことだろう。この知性認識は、風呂製作者がそれを目的として風呂を製作する目的因であると同時に、風呂製作者の身体を通して、風呂製作の道具を動かし、風呂を完成させる作用因であって、それ自体は非質料的であるがゆえに、まったく一つであるということだろう。

以上のようにアヴェロエスは、天体の動者たる純粋知性は天体運動の目的因であると同時に作用因でもあると考えているのである。

第四章　アルベルトゥス宇宙論におけるアヴェロエス受容

一　神認識に関する受容

註解におけるアヴェロエス

アヴェロエスは彼の『「形而上学」ラムダ巻大注解』で神の知について次のように述べている。

引用一

だから或る人々〔アヴィセンナら〕が登場し、それ〔神〕はここ〔地上世界〕のものを、個別知ではなく普遍知で知る者だと語った。しかし真実は次の通りである。すなわち、それ〔神〕は、それ自身だけを知ることによって、その〔地上世界の〕諸存在者を、それらの諸存在の原因である存在〔神自身〕において知るのである。(1)

アヴェロエスはこの少し後の箇所で、このような神の知と我々人間の知の違いを次のように明らかにする。

引用二

それゆえ、知という名は、彼〔神〕（彼に栄光あれ！）の知と我々の知において、その名の共有において〔同名異義的に〕語られている。つまり、彼〔神〕の知は存在者の原因であるが、存在者は我々の知の原因なのである。したがって、彼〔神〕（彼に栄光あれ！）の知は普遍〔知〕とも個別〔知〕とも特徴付けられない。なぜならその者の知が普遍的である者は、現実態における諸々の個物を、可能態において知る者だからである。それゆえ、その者の知性認識対象は必然的に可能態における知である。というのも普遍〔知〕はただ諸々の個別的事柄についての〔そこから抽象した〕知に過ぎないからである。もし普遍〔知〕が可能態における知であり、彼〔神〕（彼に栄光あれ！）の知に可能態はないならば、彼〔神〕の知は普遍的ではない。(2)

この箇所によれば、神の知は普遍知でもなければ個別知でもないので、神の知と我々人間の知は同名異義的である。

以上はまさに第二章の二で見たアヴェロエス『矛盾の矛盾』における神認識と同じ立場であると思われる。アルベルトゥスはこのアヴェロエス『「形而上学」ラムダ巻大注解』の立場をほぼ踏襲しているように思われる。というのも、アヴェロエス『矛盾の矛盾』はアルベルトゥスの時代にはまだ、アラビア語からラテン語に翻訳されていなかったようである。だからアルベルトゥスはアヴェロエス『矛盾の矛盾』における神認識についての立場を、すでにアラビア語からラテン語に翻訳されていたアヴェロエスによるアリストテレス諸著作についての諸註解を通して、より簡潔な形で知ったと思われるのである。

思考実験①　技術知

アルベルトゥスは彼の『形而上学』（アリストテレス『形而上学』の註解』）第十一巻第二論考（ラムダ巻後半に当たる）第三十三章「神的諸実体が知性認識する仕方は何かを明らかにする付論」で以下のように述べている（アルベルトゥスにおける「神的諸実体」という用語については本章二参照）。

引用三

〔神的諸実体が〕原因を有する〔結果である〕存在者を知性認識するのはただ、〔神的諸実体が〕原因を有する〔結果である〕存在者の原因である仕方でのみである。(3)

これだけではアルベルトゥスの立場が第二章で見たアヴィセンナのような立場なのか、アヴェロエスのような立場なのか良く分からない。アルベルトゥスは上記主張を上記箇所に続く箇所で、次のような或る種の思考実験によって例示する。

引用四（引用三の続き）

これは例えば次のような事態である。すなわち、もし実践知性の実体そのものが技術知で、それに何も全く付け加わらないと我々が措定するならば、この知性は自身において不可分であるが、両手や諸道具へと広がれば分割可能であり、自身であるところの人工物の形相を、諸部分を通して実現し、壁の形相を受け取る諸道具は、土台の形相は受け取らない。別の諸道具によって、他のものではなく或るものを〔この知性は〕生み出すと我々が措定するならば、また、同じ諸道具によって両方を生み出すとしても、壁を作る際に諸道具によって生じる形相は、土台を作る際に生じる形相ではないというのは、依然として真である。(4)

この箇所でアルベルトゥスが言おうとしているのは次のようなことだと思われる。すなわち、たとえば我々が、家の建て方なども含めた家に関する様々な知性認識を有しているとしよう。通常我々の知性能力は、それ以外の知性認識も有している。それどころか我々は、知性能力だけでなく、感覚能力や栄養摂取能力など、知性以外の様々な能力を有しており、それらによって身体を動かす。

しかしもし、上記のような家に関する知性認識・技術知だけが我々の知性であり、しかもそれだけが我々の身体を動かして家を建てるとしたら、どうなるであろうか。この知性認識はアリストテレス『霊魂論』第三巻第四章に従えば、知性認識であるかぎりでは身体・物体活動ではないので、時間空間的ではなく不可分である。しかしそれは引用四にある通り「両手や諸道具へと広がれば分割可能」である。両手や諸道具は物体であり、時間空間的だからである。

引用四の「自身であるところの人工物の形相」とは、我々の知性であると措定されている、今述べられた例で言えば家に関する知性認識・技術知のことであろう。「諸部分を通して実現し」の「諸部分」とはさしずめ両手など身体の諸部分のことだろう。「実現し」とは、人工物の形相を諸道具や素材など物体の中に実現することであろう。

ここで重要なことは、家に関する知性認識は、上述の通り知性認識であるかぎりでは不可分であるが、身体の諸部分や道具や素材へと広がれば分割可能になり、その結果、壁の形相や土台の形相に分かれ得るということである。

技術知の自己認識

さらにアルベルトゥスは続く箇所で、このような知性は自身を知性認識することによって、自身だけでなく自身の結果をも知性認識すると主張する。

引用五（引用四の続き）

しかし我々は、自身を知性認識することによって自身を自身において不可分的な仕方で知性認識するような知性そのものは、自身から手や諸道具へと発出する技術知の形相を知性認識することはなく、人工物の質料のうちに在るときのその形相を知性認識することはないと言うことはできない[5]。

そしてさらにアルベルトゥスは続く箇所で、このような知性はどのようにして知性認識するのかということを、三つの問いに答える仕方で明らかにする。

引用六（引用五の続き）

①もし〔この知性は〕何によって知性認識するかと我々が問うならば、自分自身によってでなければ何ものによっても〔知性認識しない〕と我々は言うだろう。また②もし〔この知性は〕自身とは異なる何かを知性認識するのかと我々が問うならば、我々はその通りだと言うだろう。なぜなら両手や諸道具のうちに在る形

相は〔この知性〕自身とは異なり、外在する質料のうちに在る形相はさらに異なるからである。また③もしこのようにして〔この知性は〕何かを知性認識することによって受容するかと我々が問うならば、我々は、全く何も受容せず、すべてを生み出し、可能知性や観想知性や獲得知性によってではなく、能動知性によってすべてを知性認識すると言うだろう(6)〔①②③は訳者〕。

この箇所によればこの知性は、何も受容せず、ただ自分自身を知性認識することのみによって、自身だけでなく、両手や諸道具や、外在する質料など、物体のうちに在る形相をも知性認識する。

さらにまたアルベルトゥスは続く箇所で、このような知性の知は、普遍知でもなければ個別知でもないので、我々人間の知とは同名異義的であると主張する。

引用七（引用六の続き）

だからこのような知は普遍知でもなければ個別知でもない。なぜなら事物の普遍知は、事物そのものが可能態にしかない状態における事物の知だからである。それはたとえば動物における人間と同様である。これ〔「このような知性」の知〕はこのような仕方で在るのではない。なぜなら表現された人工物の形相全体は、知性において理解されようと、手や諸道具において理解されようと、質料のうちに在るのに応じて理解されようと技術知だからである。またこのような知は個別知でもない。なぜなら事物を個別的に知るということは、その事物の自然本性によって〔その事物が〕在るということにおいて知るということであり、離存諸実体はこの仕方で、事物の自然本性によって〔その事物が〕在るということによって知性認識するのではないからである。だからこれらの実体の知は我々の知とは同名異義的に語られた知である。なぜなら我々の知は、我々が知る存在者を原因とするが、これらの実体の知の原因は存在者の原因〔つまり自分自身〕だからである(7)。

この箇所によれば、普遍知は、「事物そのものが可能態にしかない状態における事物の知」である。たとえば、人間が現実に存在するためには、人間の形相が魂として、人間の肉体という質料のうちに在り、或る特定の人間が実在するのでなければならない。しかし人間に関する普遍知は、人間の魂とは異なり、我々人間に知り得るかぎりでの人間に共通する一般性に関わるに過ぎない。そのような一般性は或る特定の人間になり得る可能態にしかない。

それに対して、「このような知性」の知は、「知性において理解され」るだけではなく、「質料のうちに在るのに応じて理解され」もする。これはつまり、事物そのものが現実態に在る状態における事物の知であるということを意味しているように思われる。

また、個別知は事物を「その事物の自然本性によって（その事物が）在るということにおいて知るということ」である。しかし「このような知性」のような離存的諸実体は事物をその「事物の自然本性によって（その事物が）在るということによって知性認識するのではない」。そうではなく、「知性において理解されようと、質料のうちに在るのに応じて理解されようと」異ならない仕方で知る。なぜなら、事物が物体であれば、その自然本性的な在り方は、質料のうちに在る在り方に限られるからである。

以上のように、「このような知性」と我々人間の知が同名異義的であるのは、「我々の知は、我々が知る存在者を原因とするが、これらの実体の知の原因は、存在者の原因（つまり自分自身）だからである」。

以上の通り、アルベルトゥスによれば、神的諸実体は、ただ自分自身を知性認識することのみによって、自身だけでなく、自身が原因として生み出す諸結果をも知性認識する。この点で神的諸実体の知は、普遍知でも個別知でもないので、我々人間の知とは同名異義的である。これらの考えは、第二章の二で見たアヴェロエスの考えとほぼ一致する。

思考実験②　精気

さらにまたアルベルトゥスは続く箇所で、以上のことを別の思考実験で例示する。

引用八（引用七の続き）

このことの十分に美しいたとえは自然〔界〕において二通り見出される。それらのうちの一つは種子のうちに在る精気の力のうちに在る。実際それゆえに、形相において異なる諸々のものを区別して生み出すものであるこれ〔精気〕は、哲学者たちに或る時は知性と呼ばれ、或る時は魂と呼ばれる。もし〔精気は〕実体によって魂であり知性であると措定するならばこの実体は、自身に付け加えられた何らかの形相によってではなく、自身の実体によって身体の諸部分のすべての形相を生み出すということが成り立つ。これらの形相は、実体のうちに在るのに即せば実体そのものと同じであり、実体から体液や身体の諸部分へと発出するのに即せば実体と差異化され、実体から離れれば離れるほどそれだけ実体と、また互いと差異化される。(8)

この箇所では、種子のうちに在る精気は、「形相において異なる諸々のものを区別して生み出す」ということが前提とされている。ここでは恐らく現代科学で言えば、染色体やＤＮＡに当たるようなものが考えられているのであろう。「形相において異なる諸々のもの」とは、動植物の身体の諸部分のことであろう。

このような精気は「哲学者たちに或る時は知性と呼ばれ、或る時は魂と呼ばれる」と語られているが、しかし実際のところ精気は、アルベルトゥスによれば、知性でもなければ魂でもなく、「微細な湿から生じるもの」という或る種の物体である[9]。ここでは、そのようなものである精気がもし本当に知性であるとしたら、すなわち、実体によって知性であるとしたら、つまり、自存する知性だとしたらという思考実験が行われていると思われる（魂の話はこの後出て来ない）。この場合、自存する知性たる精気は、動植物の身体の諸部分へと発出すると差異化される。

そしてさらにアルベルトゥスは続く箇所で、この知性はどのようにして知性認識するかということを、引用六と同じように三つの問いに答える仕方で明らかにする。

引用九（引用八の続き）

しかし①もしこの知性は身体の諸部分の形相を、それがどれほどこの知性から離れていようとも認識するかと我々が問うならば、我々はその通りだと言うだろう。なぜならもし認識しないとしたら、それらの形相を自身の知によって生み出さないことになってしまうからである。また②もし何によって〔この知性は〕それらの形相を認識するのかと我々が問うならば、自身によってと我々は言うだろう。なぜならこれ〔この知性〕は本質によってそれらの形相の原因だからである。また③もし〔それらの形相は〕これ〔この知性〕のうちにどのように在るかと我々が問うならば、我々は次のように言うだろう。すなわち、〔それらの形相は〕これ〔この知性〕の光輝そのものであり、これ〔この知性〕のうちに在るのに即せばこれ〔この知性〕自身であるところのものであるが、しかしこれ〔この知性〕から離れているのに即せば、この知性に付帯しない多くのことがそれらの形相に付帯する。なぜならこれ〔この知性〕から離れているのに即せばこれ〔この知性〕と同じではなく、或る形相がこれ〔この知性〕の光輝から有しているものは、他の形相がこれ〔この知性〕の光輝から有しているもの〔と同じ〕ではないからである[10]（①②③は訳者）。

この箇所によれば、もし精気が自存する知性だとしたら、この知性は、この知性のうちに在るのに即せば知性自身であるところの身体の諸部分の形相を、それがどれほどその知性から離れ、差異化されようとも、自分自身によって知性認識する。「この知性に付帯しない多くのこと」とは恐らく引用十一に登場する「多数性と時間性と運動と複合と分割」のことであると思われる。

思考実験③　太陽の光

またアルベルトゥスは続く箇所で、同じことをさらに別の思考実験で例示する。

引用十（引用九の続き）

もう一つのたとえは太陽、太陽の光から来る。すなわち、太陽の実体がその〔太陽の〕光そのものであり、他の実体は有していないと措定しよう。そうであってもなお太陽の光は太陽においては不可分であるが、あらゆる透明なものを通して広がれば分割可能であり、限界付けられた物体の透明な表面に入って広がるのに即せば諸々の色の原因であり、その〔太陽の〕光は諸々の色の実体そのものであるだろう。またもし太陽は諸々の色を有しているのかと我々が問うならば、我々は次のように言うだろう。すなわち、〔太陽は〕それら〔諸々の色〕を、〔諸結果を〕前もって有している原因として有している。そしてこのことに即せば〔諸々の色とは〕太陽の実体〔である〕もののことなのである。またもし諸々の色は太陽の光から受容されるのかと我々が問うならば、我々は、そうではなく、むしろ太陽の光は諸々の色の原因であり、〔諸々の色が〕太陽の光のうちに在る在り方は形象の場所の在り方であって、質料が受容する仕方ではないこと、他の箇所で語った通りであると言うだろう。またもし太陽は知性実体であると我々が措定するならば、〔太陽は〕すでに何度も語った仕方ですべての色を認識する。(11)

通常は、太陽の実体が太陽の光を有していると考えられるであろう。しかしこの箇所では、もし太陽の光が太陽の実体そのものだったらという思考実験が行われている。

この箇所によれば太陽の光は、それ自身においては不可分だが、透明なものにおいて縦横高さに広がれば分割可能であり、不透明な物体の若干透明な表面においては諸々の色そのものになると考えられている。だから、太陽の光は諸々の色を、それらの原因として前もって有しているのである。

さらに、もしこのような太陽の光が知性的光、つまり知性だとしたら、太陽は自身だけを知性認識することによって、自身が原因であるすべての色を知性認識する。

思考実験のまとめ

アルベルトゥスは、同箇所次章の第三十四章「神的諸実体の認識の仕方を、認識されるものの側から明らかにする付論」でも、以上の結論を確認し、さらに敷衍する。

引用十一

神的諸実体によって認識されるものについて第三に問われていたことはすでに明らかである。すなわち、神的諸実体の知は普遍的でもなければ、個別的でもなければ、我々の知と同名同義的でもないということはすでに知られている。そして、〔神的諸実体が〕何かを認識するのはただ自身を認識することによってのみであるので、諸々の質料的なものを非質料的な仕方で、諸々の複合体を純一な仕方で、諸々の時間的なものを非時間的な仕方で、多くのものを一に、諸々の分割されたものを不可分な仕方で認識する。なぜならすべてのものはそれらの原因であるところのそれ〔神的諸実体〕の知性の光輝と次のような仕方で関係しているからである。すなわち、諸形相は形成力のうちにこのような仕方で在り、諸々の色は太陽の光輝のうちに同様な仕方で在り、諸々の人工物は技術知のうちに同様な仕方で在るのである。以前語った諸々のことによってこのことを見るのは難しくない。なぜなら諸事物が神的原因から離れるということは諸事物が運動と量のうちへと、そしてまた質料のうちへと広がって行くことだからである。このことから〔諸事物は〕多数性と時間性と運動と複合と分割を受け取るのであり、〔諸事物は〕これらのどれも、知性によって諸事物の原因である神的実体から有するのではない(12)。

「神的諸実体の知は普遍的でもなければ、個別的でもなければ、我々の知と同名同義的でもない」「（神的諸実体が）何かを認識するのはただ自身を認識することによってのみである」は、まさに上で述べられたアヴェロエス的立場の確認である。

「諸々の質料的なものを非質料的な仕方で、諸々の複合体を純一な仕方で、諸々の時間的なものを非時間的な仕方で、多くのものを一に、諸々の分割されたものを不可分な仕方で認識する」は、上で述べられたことを、別の仕方で言い換えたものである。すなわち、我々人間は、質料的なもの、複合体、時間的なものを、個別的感覚認識によって知り、それらを、そこから抽象して、普遍的知性認識によって、非質料的な、純一な、非時間的な仕方で知る。それに対して神的諸実体は、それらすべてを、自身を知性認識することのみによって知るのである。「諸形相は形成力のうちにこのような仕方で在り、諸々の色は太陽の光輝のうちに同様な仕方で在り、諸々の人工物は技術知のうちに同様な仕方で在るのである」は、上で取り上げた三つの例示についての言及である。形成力とは、精気のうちに在ると考えられている、動植物を生み出す力のことである。

神による欠如の認識

引用十一の末尾では、諸事物は、多数性と時間性と運動と複合と分割を神的諸実体から有するのではないことが確認されている。このことが、次の問題につながっている。続きの箇所を見てみよう。

　　引用十二（引用十一の続き）

以上のことから神的諸知性体自身はどのようにして諸々の欠如を知るかも解決する。なぜなら（神的諸知性体が〕これら〔諸々の欠如〕を知るのは、ちょうど技術知が技術知の諸々の誤りを、〔それら誤りが〕技術知の形相を完全には有していないということによって知るのと同様だからである。しかしこのことから、神的諸実体は諸事物を〔諸事物が〕在るのに応じて知っていないと反論する人々がいる。なぜなら〔諸事物は〕多数であり、分割されており、複合しており、質料的であるからである。この反論は無知から生じるものである。なぜならこの反論は原因を有する諸々のもの〔結果〕を原因から理解するのではなく、質料から理解しているけれども、しかし原因を有するもの〔結果〕を自身によって認識する原因は、原因を有するどんなもの〔結果〕と自身との距離、非類似をも認識する。そしてもしこのような非類似を認識するならば、非類似の原因と在り方をも認識し、このような仕方で〔神的諸実体は〕すべてのものを神的実体自身の諸々の在り方によって認識するのである[13]。

この箇所によれば、「(神的諸知性体が)これら(諸々の欠如)を知るのは、ちょうど技術知が技術知の誤りを(それら誤りが)技術知の形相を完全に有していないということによって知るのと同様」である。これは恐らく、何かの正解を完全に知っている人が、不正解を知ればそれが不正解だと分かるというような事態のことを指しているように思われる。

これに対して、「神的諸実体は諸事物を(諸事物が)在るのに応じて知っていないと反論する人々」は、「原因を有する諸々のもの(結果)を原因から理解するのではなく、質料から理解している」。実際、非質料的なものである神的諸実体は、原因である自身のみを認識することによって、その結果である質料的諸事物を認識する。だから神的諸実体は諸事物を、それらが質料のうちに在るのに応じて理解しているわけではないのである。

そうではなく神的諸実体は「原因を有するもの〔結果〕を自身によって認識する原因」であり、そのことによって、「原因を有するどんなもの〔結果〕と自身との距離、非類似をも認識する」。これは、この箇所の冒頭と同じように、何かの正解を完全に知っている人が、不正解を知ればそれが不正解だと分かるというような事態のことを指しているように思われる。

しかし、そのような知り方は、不正解を知れば分かるという知り方である。だがここで神的諸実体は、自身が知るとされている欠如を決して有さないものとして想定されていると思われる。だから神的諸実体は、現実には、質料的諸事物が有する欠如を全く知らないと理解すべきであるように思われる。

神は普遍的能動知性

最後にアルベルトゥスは、普遍知と個別知によって知る我々人間の知性を観想知性と呼び、それに対して、普遍知も個別知も有さない神的諸実体を普遍的能動知性と呼ぶ。

引用十三（引用十二の続き）

また、哲学に無知な或る人々が、〔神的諸実体は〕諸事物を普遍的に認識し、個別的には認識しないと言って伝えた何かを語ることもできなかった。このような見解に属するのはアヴィセンナ、イサク、アルガゼル〔ガザーリー〕であるように思われる。なぜなら普遍的に、また個別的に認識するということは観想知性にしか起きないことだからである。もし我々が、この課題においてはそうしなければならない通り、哲学的に語るならば、神的諸実体は観想知性によっては何ものも認識せず、このような知性は有しておらず、知性を有し、かつ普遍的能動知性であることは語った通りであり、それ〔神的諸実体〕には普遍や個を認識するということは適合せず、むしろ自身と自身の諸々の在り方を認識すること〔が適合する〕。〔神的諸実体は〕この自身の諸々の在り方によって自身を諸道具のうちへ展開する。〔神的諸実体は〕この諸道具によって質料のうちへと働くのである。しかしこのような神的学においてほとんどすべての人が誤っている。なぜなら〔彼らは〕アヴィセンナの誤りに従っているからである。我々のうちの或る人々も、彼ら自身が理解していない諸々のことにおいてアヴィセンナに従っているのである。(14)

以上の通り、アルベルトゥスによれば、神的諸実体は、ただ自分自身を知性認識することのみによって、自身だけでなく、自身が原因として生み出す諸結果をも知性認識する。この点で神的諸実体の知は、普遍知でも個別知でもなく、我々人間の知とは同名異義的である。これらの考えは、第二章の二で見たアヴェロエスの考えとほぼ一致する。

二　天体の動者に関する受容

アヴェロエスを踏襲

またアヴェロエスは『「形而上学」ラムダ巻大注解』で次のように述べている。

引用十四（第三章の引用十三の一部）

これら諸天体は生き物であり、魂が有する諸力の中で諸天体に備わっているのはただ知性と欲求力だけである(15)。

ここでアヴェロエスが語っている天体の魂は、アリストテレスが『形而上学』ラムダ巻第七章で神と呼んでいるもののことである。なぜならアリストテレスによれば神は天体の目的因であり、アヴェロエスは引用十四の少し後の箇所で次のように述べているからである。

引用十五〔第三章の引用十三の一部〕

この〔諸天体の〕動者は知性である。しかもそれは、この〔諸天体の〕運動の作用者という点で動者であり、かつ、この〔諸天体の〕運動の目的であるという点でも動者である。だからこのこと〔諸天体の動者が作用者でもありかつ目的でもあるということ〕は、我々においてのみ分かれるのである(16)。

アルベルトゥスはこのような、天体の魂は知性であるとするアヴェロエスの立場もほぼ踏襲しているように思われる。実際アルベルトゥスは彼の『形而上学』第十一巻第二論考第十章「諸天の魂に関するペリパトス派の人々の諸見解を明らかにする付論」で、このようなアヴェロエスの立場を紹介している。

引用十六

ペリパトス派〔アリストテレス主義者たち〕の人々の中の或る優れた人々は上記の人々の中間の道で出発し、

諸天は魂を有していると語るが、それらの魂から離在している諸知性体を措定せず、これらの魂は普遍的能動知性と欲求、願望でなければ、魂が有する諸力の中の何ものも有していないと語った[17]。

確かにこの箇所では、「上記の人々」とあるようにアルベルトゥスは、アヴェロエスの見解の他に、アヴィセンナや、それと多くの点で一致するとされるガザーリーらの立場も紹介している。そしてこの章を次のように締めくくっている。

引用十七
以上の諸々の見解に私は何も付け加えない。それらが真であろうとなかろうと、導入された諸根拠から可能であるような見解は読者によって評価されるだろう[18]。

しかしアルベルトゥスは引用十六で、アヴェロエスの見解を持つと思われる人々を「優れた人々」と呼んでいる。他の人々をこのようには呼んでいない。また、彼の『形而上学』第十一巻第三論考第四章「天の運動は魂に由来するというアヴィセンナの誤りの否認について」では、アヴィセンナの立場を明確に否定している[19]。だから、アルベルトゥスは基本的にアヴェロエスの立場を評価していると見て良いと思われる。

天球の時間空間的規定

ところで、天体の魂、すなわち作用因は知性であるとするアヴェロエスの立場には一つの疑問が生じるように思われる。それは、天球の位置、回転の方向、スピードなど、時間空間的規定は何が決めるのかということである。なぜなら、アヴェロエスの立場で考えられている知性は、引用十六にある通り純粋知性であり、全く非質料的であり、超時間空間的なものだからである。

アルベルトゥスは上記と同じ『形而上学』第十一巻第二論考第十章で、それは天体自身が規定すると主張しているように思われる。

引用十八

だから知性のうちに非質料的に存在するものも、運ばれているもの〔天球〕のうちへと発出し、また〔月下の〕質料のうちへと発出して個になるのである。ところで天体は人間の身体ほど不完全ではない。そうではなく、人間の身体は身体の諸部分と結び付いた諸力を有しており、それら〔諸力〕は身体の諸部分を動かし、心臓と魂から流出するが、身体〔全体〕や身体の諸部分はそれらの力を自身から有しているのではない。それと同じ様にこの身体〔天体〕は、この身体の卓越性と不死性のために、運動をそれによって起こすところの諸力を自身から有しており、その自然本性は、そのような運動〔天体の運動〕へと向かうものの自然本性なのである。だから諸天の諸々の魂がこれらのような諸力を有しているとしたらそれは余計である。なぜならこのことのためには天の身体〔天体〕が有する諸力で十分だからである。そしてこれらのような諸力に即して〔天体は〕右、左などを有していると措定されているのである。そしてその自然本性はこのような運動〔天体の運動〕を有する器官の自然本性であるので、動者と動かされるものとの間には決して不従順は生じない。(20)

この箇所によれば、「知性のうちに非質料的に存在するものも、運ばれているもの〔天球〕のうちへと発出し、また〔月下の〕質料のうちへと発出して個になる」。だから、その個に備わっているはずの質料的、すなわち時間空間的規定は、非質料的な知性に由来するのではなく、その身体たる天体や月下の質料に由来すると思われる。さらに天体は「運動をそれによって起こすところの諸力を自身から有して」いる。だから、天球の位置、回転の方向、スピードなど、天体の運動の諸々の時間空間的規定を決めるのは、この諸力であると思われる。

ところでこの「諸力」とは一体どのような力なのであろうか。その疑問を解くカギは次の「その〔天体の〕自然本性は、そのような運動〔天体の運動〕へと向かうものの自然本性なのである」という言葉に在るように思われる。なぜならこの二つの箇所が相まって根拠となり、次に「だから諸天の諸々の魂がこれらのような諸力を有しているとしたらそれは余計である」と語られているからである。それゆえ、天体が自身から有し、天体の運動をそれによって起こすところの諸力とは、天体の運動へと向かう自然本性のことであると思われる。

この自然本性は、この箇所の終わりの方で、「このような運動〔天体の運動〕を有する器官の自然本性である」と言われている。だからこの自然本性とは、天体の魂たる知性を有する可能態のことであると思われる。なぜならアリストテレスによれば器官とは、魂を有する可能態のことだからである。[21] それゆえ、天体が自身から有し、天体の運動を起こす諸力とは、天体の魂たる知性を有する可能態のことであるように思われる。この可能態が、天体の魂たる知性を有する際、天球を「ここで、こちらへ、このくらいで」回転させ得、他の仕方では回転させ得ないなどという仕方で、天球の位置、回転の方向、スピードなど、天体の運動の諸々の時間空間的規定を決めるとアルベルトゥスは考えているように思われるのである。

月下界への影響

さて、天体の魂、すなわち作用因は知性であるというアヴェロエスの立場にはもう一つの疑問が生じるように思われる。それは、この知性はどのようにして月下の諸物体の原因なのかということである。というのも、アヴェロエス・アルベルトゥスによれば、天体の魂たる知性は神、あるいは神的諸実体であり、諸存在者の原因である。確かにこれは天体の作用因であり、目的因でもあることははっきりしているが、しかし、どのような仕方で月下の諸物体の原因となるかについてはまだ何も明らかにされていないのである。

アルベルトゥスによれば、天体の魂たる神的諸実体は、天体の光線を通して月下の諸物体の原因である。アルベルトゥスは彼の『形而上学』第四巻第三論考第九章で次のように述べる。

引用十九

さてもし自然形相〔自然物の形相〕を諸々の形相原理に分析するならば、分解し〔分解を〕止めるものである元素の熱と、物体的精気とに分析されるだろう。精気は、生成し得る諸々のもの〔月下の諸物体〕の質料において作用する諸力の乗り物である。そしてさらに〔自然形相を形相原理に〕分析するならば、分解し〔分解を〕止めるものである熱と精気とに形相を与える天の諸々の光線とそれらの角度に分析されるだろう。精気は諸々の生むものの諸力の道具である。そしてさらにまた〔自然形相を形相原理に〕分析するならば、上記の諸光線を生成の場所へと送る諸物体〔天体〕の運動に分析されるだろう。そしてまたさらに〔自然形相の形相原理への〕分析をするならば、〔自然形相は〕以上のすべてのものに作用して形相を与える知性体の光輝のうちにとどまるだろう。この光輝において〔自然形相は〕自身の最も形相的で最も純一な存在に即して存在し、この光輝において〔自然形相は〕いつでもどこにでも存在しているのである。しかし以上のすべてのものは生成においては質料のうちに内在しており、それゆえ質料を変化させる諸々のものをも生むのである。[22]

ここで語られている自然物とは、「元素の熱」という話が出て来るので、熱を自然本性的に有する火の元素を含む四元素から出来ている月下の物体のことを指していると思われる。この箇所によれば、月下の物体形相の原理は元素の熱と精気である。精気とは上述の通り「微細な湿から生じるもの」である。この両者に形相を与えるのは天の諸々の光線とそれらの角度である。この光線を或る角度で或る月下界の場所へと送るのは諸天体の運動である。諸天体を動かすのは知性体の光輝である。だから、知性体は天体を動かし、その光線を送ることを通して、月下の諸物体の原因となるのである。

実際、アルベルトゥスは彼の『動物論』第十六巻第一論考第七章でも次のように述べている。

引用二十

我々は次のように言うだろう。すなわち、第一に動かすものは知性体が有するこれ〔力〕である。そしてこれ〔この力〕のもとで天の運動の力が、上で規定された諸々のこと、つまり、天の諸物体とそれらの光線の位置と像〔星座の形〕と運動の相異性と相互関係と共に動かされる。〔中略〕そしてこれ〔天の運動の力〕のもとに魂の力、すなわち、魂を有する物体〔身体〕の、魂を有するものであることに即しての力がある。[23]

また彼は同じく『動物論』第十六巻第一論考第十一章で次のように述べている。

引用二十一

ところで、諸々の植物や動物の種子における天の諸力は驚くべきものである。なぜなら、諸天体とそれらの位置や運動の多さから、また、〔諸々の光線が〕互いに交わることによるのであれ、生成したものの質料の上に降り注ぐことによるのであれ、生成のどんな場所であれ或る一つの場所に反射することによるのであれ、あらゆる仕方で〔諸々の光線が〕獲得する諸々の光線とそれらの角度の多様性から、天の諸力は最大で多様だからである。(24)

彼はこのような見解をどこから得たのであろうか。彼は彼の『『原因論』註解』第二巻第二論考第三十六章で、コスタ・ベン・ルカの見解を紹介している。

引用二十二

このため〔人々が〕コンスタブルムと呼んでいるコスタ・ベン・ルカも『精気と魂の相異について』という著作の中で次のように語っている。すなわち、諸動物の身体のうちに在る精気は地上における光輝の在り方に沿って動かされる。だから〔精気は〕この運動を天の諸々の光輝との一致から有する。そしてこの運動の〔を起こす〕第一の能力は諸天体のうちに存在し、諸々の精気のうちに存在するのではない。ところで精気は上記のような動物的、自然的、生命的諸形相を魂から身体全体と身体のすべての働きのうちへと運ぶのである。それゆえ、諸形相を運ぶ能力は第一に主として諸天体の自然のうちに在るのである。このような道〔考え方〕はペリパトス派〔アリストテレス主義者たち〕の人々の間でもより正式で、アリストテレスが語った諸々のことにより一致している。(25)

コスタ・ベン・ルカは、九―十世紀シリアのキリスト教徒で、バグダッドでギリシア語―アラビア語翻訳運動に深くかかわった。彼の『精気と魂の相異について』は十二世紀にアラビア語からラテン語訳され、一二五四年パリ大学学芸学部教師たちによって作成されたリストに含まれている。そこでは、自然学の研究の一つとして読むべき本とされている。(26)

このような考え方の萌芽はすでにアリストテレスに見られる。アリストテレスは彼の『動物発生論』第二巻第三章で、精気が有する生殖力の起源を天体と考えている。

引用二十三

さて、あらゆる霊魂の能力はいわゆる「元素」とは別の、それらよりも神的な或る物体と関係があるようである。〔中略〕すべてのものの精液の中には、精液に生殖力を与えるもの（いわゆる「熱いもの」）が内在している。このものは火でも、そういったものでもなくて、精液や泡状のものの中に取り込められた気息と、気息の中に含まれている、星界の元素〔エーテル〕に相当するものである(27)（島崎三郎訳）。(28)

この箇所によれば、精液の中の気息（精気）に含まれる、天体に相当すると言われるものが精液に生殖力を与えるのである。ただしここでは、精気と天体の間に何らかの関係が在るということが示唆されているに過ぎず、両者を仲立ちするようなものへの具体的な言及はない。

以上の通り、アルベルトゥスによれば、天体の魂たる神的諸実体は、天体の光線を通して月下の諸物体の原因なのである。

天体の動者の複数性

天体の動者は複数存在するとアリストテレスは考えているように思われる。実際彼の『形而上学』第十二巻第八章では次のように語られている。

引用二十四

だからしてまた、必然的に、これらの〔星の〕運行の各々はそれぞれ或るそれ自ら不動で永遠的な実体によって動かされていなくてはならない。〔中略〕それぞれの星の運行に〔上下の〕順位があるに応じて〔それぞれを動かすところの〕実体にも同じくその或るものは第一位、或るものは第二位というように順位があるということは、明白である。〔中略〕とにかく、天球の数の多さはこれだけあるとしておこう、そうすると、〔自らは動かないでこれらの天球を動かすところの〕不動の諸実体または諸原理も、当然、それだけ多くあると想定されてよかろう(29)（出隆訳）(30)。

上述の通り、アリストテレスがここで考えている天体の動者はあくまでも目的因としての動者であると思われる。それに対してアヴェロエスが考える天体の動者とは、これも上述の通り、天体の目的因でありかつ作用因でもあるような天体の魂である。このような天体の魂もやはり複数存在するとアヴェロエスは考えているように思われる。実際、彼の『「形而上学」ラムダ巻大註解』では、「これらの諸実体〔諸知性〕それぞれが、動者でありかつ目的として、その感覚可能な実体〔天体〕の原理である[31]」と語られているのである。

アルベルトゥスは本章で見た通り、アヴェロエスが語る天体の魂に当たるものを神的諸実体と呼んでいる。だからアルベルトゥスも天体の魂は複数存在していると考えていると思われる。

さらにアルベルトゥスは彼の『「原因論」註解』第一巻第四論考第七章で、アヴェロエスが考えるような天体の魂を次のように紹介している。すなわち、「知性体は、「これ」や「あれ」〔の天体〕のうちへと放射されている自身の光輝によって、「これ」や「あれ」〔の天体〕に流入している光輝によって〔天体と〕直接結び付いているものとなる[32]」。ここで語られている「直接結び付いている」ということをアリストテレスの見解に基づいて理解すると、各天体それぞれにその魂・作用因たる知性体が一つずつ別々に存在しなければならないことになるように思われる。

その理由は以下の通りである。アリストテレスは彼の『自然学』第七巻第二章で次のように述べている。

引用二十五

ところで、直接第一に運動変化させるもの、ただし目的として目指すところのものとしてではなく、運動変化の始原がそれに由来するところのものは、運動変化する側のものと一緒になっている（「一緒」とわたしが言うのは、それらの中間にいかなるものも存在しないということである）。〔中略〕接触することなしに運動変化

させることは不可能であり[33]（内山勝利訳[34]）

ここで「直接第一に運動変化させるもの」「運動変化の始原がそれに由来するところのもの」と言われているのは、「目的として目指すところのものとしてではなく」と言われているので、作用因のことであると思われる。アリストテレス『自然学』第五巻第三章によれば、作用因が運動変化する側のものと「一緒になっている」「接触する」とは次のような意味である。

引用二十六

場所的な意味で「一緒にあるもの」とわたしが言うのは、直接第一の意味で一つの場所にあるもののことであり、「離れてあるもの」と言うのは、別の場所にあるもののことである。また「接触しているもの」とは、それらの外端同士が一緒になっているもののことである[35]（内山勝利訳[36]）。

同箇所によれば、接触しているということと、連続一体的ということとは異なる。

引用二十七

また、連続一体的であれば必ず接触していなければならないが、接触していてもまだ連続一体的ではない。接触しているもの同士の外端は必ずしも一つであることを要せず、ただ一緒のところにあればいい。しかし外端同士が一つであれば、必ずや一緒のところになければならないのである[37]（内山勝利訳[38]）。

そして、アリストテレス『自然学』第六巻第一章によれば、連続一体的なものが分割不可能なものであることは不可能である。

引用二十八

ところで、「連続一体的」と「接触している」と「相次いで」ということが、先に規定されているとおりであって、すなわちものの末端同士が一つになっている場合にそれらは連続一体的であり、末端同士が一緒になっている場合にそれらは接触し合っているのであり、もの同士の間に類を同じくするものが何も介在していない場合にそれらは相次いであるのだとすれば、何か連続一体的なものが分割不可能なものから成ることは不可能である(39)(内山勝利訳)(40)。

この箇所によれば、連続一体的なものは、二つのものの末端同士が全く一つになっているもののことなので、この二つのものは、実在的にはともかくも、少なくとも概念上は分割可能でなければならない。しかし、同箇所によれば、分割不可能なものが接触することは可能である。

引用二十九

また、接触し合っているものはすべて、全体が全体に、あるいは部分が部分に、あるいは部分が全体に接触し合っているかのいずれかである。しかし、分割不可能なものは部分を持たないので、接触し合うとすれば、全体が全体にでなければならない。ところが、その全体が全体に接触し合っていても、両者は連続一体ではありえない。なぜなら、連続一体的なものであれば、あれこれと別々の部分があって、そのようにして異なったもの、すなわち場所的に離れた別個のものへと分割されるからである(41)(内山勝利訳(42))。

接触し合うものは、分割可能なものか分割不可能なものかのどちらかである。今の我々に関係するのは、分割可能なものと分割不可能なものとの接触である。なぜなら天体は物体であるから分割可能であり（不可滅物体なので、概念上分割可能なだけで、実在的には分割し得ないが）、天体の魂・作用因たる知性体は全く非質料的であり、超時間空間的であるがゆえに、分割不可能だからである。

知性体は一つの天体に対して、全体で接触せざるを得ない。分割不可能で部分を有し得ないからである。ところで、知性体は複数の天体に対して全体で接触することはできない。というのも、たとえば天体Aと天体Bが異なるならば、天体Aと接触するかぎりでの知性体と、天体Bと接触するかぎりでの知性体は、何らかの意味で異ならなければならない。しかしもしその知性体が同一であるならば、知性体は全く部分を有し得ないので、そのような区別を同一の知性体に導入することはできないからである。

だから、アヴェロエスもアルベルトゥスも、アリストテレスの立場に従って、各天体それぞれにその魂・作用因たる知性体が一つ一つ別々に存在すると考えたのであろう(43)。

第五章　アルベルトゥス流出流入論

アルベルトゥスは、本章で見る通り、彼の『「原因論」註解』でアヴィセンナ宇宙論を解釈する。その際、本書第二―四章で見たアヴェロエス的立場に立ちつつ、アヴィセンナ宇宙論よりもより一般的普遍的な形而上学の形で、彼独自の「流出流入論」を打ち出すことになる。

一　アヴィセンナ宇宙論

ここではまず、アヴィセンナの宇宙論を確認することから始めたい。第二章の一でも見た通り、アヴィセンナはアリストテレス宇宙論を新プラトン主義的に解釈する。すなわち、アリストテレス宇宙論では、第三章冒頭と第四章引用二十四で見た通り、第一章で示された不動の動者たる知性は各天球の動者である。さらにアヴィセンナは、第三章引用一で見た通り、天球の近接動者、すなわち魂は、この不動の動者たる知性とは別であると考える。

一方、新プラトン主義では、一者から知性が、知性から魂が、魂から物体が発出すると考える。そこでアヴィセンナは両者を融合し、第一者から第一知性が流出し、第一知性から第一天（最外天）の魂、第一天体（球）、第二知性が流出し、第二知性から第二天の魂、第二天体（球）、第三知性が流出し……というようにして宇宙は成立していると考える。

存在必然性と存在可能性

アヴィセンナは彼の『治癒の書』「神的学（形而上学）」第九巻第四章で、どのようにして第一者から諸知性（認識）、諸天球が流出するかについて、以下のように述べている。

引用一

その〔第一者の〕結果それ自身は〔その本質において〕存在可能的であるが、第一者において存在必然的である。その〔第一者の結果の〕存在必然性は、それ〔第一者の結果〕が知性認識であるということにおいて在る。そしてこれ〔第一者の結果〕は必然的に、それ自身〔その本質〕を知性認識し、かつ第一者を知性認識する。(1)

ここで、存在必然性は、知性認識であるということにおいて在ると言われているので、「存在可能的」とは、具体的には、知性認識可能な、知性認識能力であるという意味であろう。それに対して「知性認識である」とは、現実態において知性認識活動であるという意味であろう。

そして、知性認識能力が、現実態において知性認識するとは限らないのに対して、現実態における知性認識活動は、必ず知性認識しているから、存在必然的なのだろう。「第一者において存在必然的」の「において」には、

「のおかげで」「によって」といったようなニュアンスがあるように思われる。

三つの知性認識

以上のような第一者の結果は、アヴィセンナによれば三つの知性認識をする。

> 引用二（引用一の続き）
>
> だから、それ〔第一者の結果〕においては、その複数性に属する、〔以下のような三つの知性認識の〕内容がなければならない。すなわち、①それ〔第一者の結果〕が、存在可能なそれ自身〔その本質〕によって、それ自身の範囲内で知性認識する内容。②それ〔第一者の結果〕が、第一者に属するが、それ〔第一者の結果〕自身〔その本質〕において知性認識可能な、その〔第一者の結果の〕存在必然性によって知性認識する内容。③それ〔第一者の結果〕が、第一者によって知性認識する内容。(2)（①②③は訳者）

引用一の末尾では、第一者の結果は「それ自身（その本質）を知性認識し、かつ第一者を知性認識する」と語られていたので、第一者の結果における知性認識内容は二つであると言うのなら分かりやすいが、引用二では三つ挙げられている。知性認識内容がそれに「属する」とされる「その複数性」とは、引用一で見た通り、第一者の結果が有する存在可能性と存在必然性のことであると思われる。

引用二によれば、第一者の結果がする三つの知性認識のうちの一つ目は、存在可能な、すなわち知性認識可能な、知性認識能力である第一者の結果自身・その本質を知性認識することである。二つ目は、第一者の結果の存在必然性、すなわち、その現実態における知性認識活動を知性認識することである。ただしこの存在必然性、すなわち、現実態における知性認識活動は、それ自体は第一者に属するけれども、しかしあくまでも第一者の結果自身・その本質において知性認識可能な限りでのものである。

それに対して三つ目は、第一者そのものを知性認識することである。二つ目と三つ目の違いは何であろうか。第一者の結果が第一者を知性認識するならば、少なくとも第一者は第一者の結果の知性認識対象なはずである。しかしそれは上記の通り、第一者に属するが、第一者の結果自身・その本質において知性認識可能な限りでの、第一者の結果の存在必然性・現実態における知性認識活動とは区別されている。

だから、三つ目の知性認識において知性認識対象である第一者とは、第一者の結果の知性認識能力に限定されない、無限なものとしての存在必然性、現実態における知性認識活動であるように思われる。実際、ここで語られている第一者とは、アリストテレスが彼の『形而上学』第十二巻七、九章で語った「知性認識の知性認識」、現実態に在る純一な実体である神のことだと思われる。この神は、何か或る特定の事柄に限定された知性認識なのではなく、まさに知性認識それ自体の知性認識なのである。

複数性の原因（一）

以上のような複数性は、アヴィセンナによれば、第一者によるものではなく、第一者の結果によるものである。

引用三（引用二の続き）

ただし、これ〔第一者の結果〕による複数性は、第一者に由来するものではない。なぜならそれ〔第一者の結果〕の存在可能性は、それ自身〔その本質〕におけるそれ〔第一者の結果〕による何かであり、第一者が原因のものではないからである。むしろ、第一者に属しつつそれ〔第一者の結果〕によるのは、その〔第一者の結果の〕存在必然性である。そして、それ〔第一者の結果〕が第一者を知性認識し、かつそれ自身〔その本質〕を知性認識するという複数性は、第一者に由来するその〔第一者の結果の〕存在必然性に付随するのである。(3)

この箇所の冒頭に登場する「これ〔第一者の結果〕による複数性」とは、引用二の冒頭に登場する「その複数性」と同じであると思われる。「その複数性」とは、上で述べた通り、引用一に登場する、第一者の結果における存在可能性と存在必然性のことだろう。実際、引用三では二文目以降、存在可能性と存在必然性が話題とされているのである。

引用三によれば、第一者の結果の存在可能性はそれ自身によるものであり、第一者が原因ではない。存在可能性と存在必然性から生じると引用一、二で語られていた、第一者の結果における知性認識の内容の複数性は、この存在可能性たる知性認識能力と共に、存在必然性たる現実態における知性認識活動に付随するのである。

引用四〔引用三の続き〕

我々は、一つのものから一つの同じもの〔本質〕が在り、さらにその後に、その存在が第一のもの〔一つ目の一つのもの〕のうちにない、〔すなわち〕その固有性の原理に属さない付加的複数性が続くということを否定しない。むしろ、この一つのもの〔一つ目の一つのもの〕から〔それとは別の〕或る一つのもの〔二つ目の一つのもの〕が伴い、さらにこの一つのもの〔二つ目の一つのもの〕に何らかの規則性、状態、固有性、結果が伴うが、これ〔二つ目の一つのもの〕もまた〔一つ目の一つのものと同様〕一つだというのはあり得ることである。そしてさらにこれ〔二つ目の一つのもの〕から、〔それとは別の〕或るもの〔三つ目以降のもの〕のこの〔上記のような〕付随が、分有において伴う。だから、そのすべてがそれ〔三つ目以降のもの〕自身〔その本質〕に伴うところの複数性がそれ〔二つ目の一つのもの〕の後に続くのである。(4)

この箇所は引用一から三に従えば、以下のように理解すべきであるように思われる。すなわち、冒頭の「一つのもの」（二つ目の一つのもの）とは第一者のことである。そこから存在する「一つの同じもの」（二つ目の一つのもの）とは第一者の結果の存在必然性のことである。

この「一つの同じもの」に「その固有性の原理に属さない付加的複数性が続く」。「その固有性」とは現実態における知性認識活動のことである。その「原理」とは第一者のことである。それに属さない付加的複数性とは、第一者の結果における存在可能性と存在必然性という複数性、また、そこから生じる知性認識の内容の複数性のことである。

「これ（二つ目の一つのもの）もまた（一つ目の一つのものと同様）一つだ」とは次のことを意味するように思われる。すなわち、二つ目の一つのもの、つまり第一者の結果の存在必然性は、存在必然性である限りでは現実態における知性認識活動であり、その限りでは一つである。第一者の結果に複数性が生じるのはあくまでも、知性認識能力たる存在可能性との複数性によるのである。「この一つのもの（二つ目の一つのもの）に何らかの規則性、状態、固有性、結果が伴う」のもすべてこの複数性に由来する。

「これ〔二つ目の一つのもの〕から、〔それとは別の〕もの〔三つ目以降のもの〕のこの〔上記のような〕付随が、分有において伴う」の「上記のような付随」とは、第一者の結果が第一者に付随するのと似た付随のことを意味しているように思われる。それはすなわち、一つのものから一つの同じものが在るという付随と、それに続く付加的付随のことである。このような付随が第一者の結果の後にも続くということのようである。「分有において」の意味については引用六の後に検討する。

複数性の原因（二）

以上のような「三つ目以降のもの」の付随はなぜ生じるのであろうか。

引用五（引用四の続き）

それゆえ、この〔三つ目以降のもの自身、その本質の〕複数性に似たものが、これ〔三つ目以降のもの自身、その本質〕のうちに複数性が在り得る原因であり、それは、第一者の諸結果〔第一者の結果の諸知性認識〕に由来するのでなければならない。もしこの複数性〔第一者の結果の諸知性認識〕がなかったら、それ〔三つ目以降のもの自身、その本質〕に属するのは、ただ一つの同じもの〔本質〕しか在り得ず、物体がそれ〔三つ目以降のもの自身、その本質〕に由来するということもあり得ないことだろう。しかも、複数性の可能性がそこ〔三つ目以降のもの〕に在るのはただこのような仕方でのみなのである。(5)

この箇所の理解は一見難解である。まず冒頭の「この複数性に似たもの」が何なのか良く分からない。また

「第一者の諸結果」も何を指すのか良く分からない。しかし、これらはいずれも、三つ目以降のもののうちに複数性が在り得る原因を指していると思われる。だから、三つ目以降のもののうちに複数性が在り得る原因が何なのかが分かれば、これらが一体何を指しているのか明らかになるように思われる。これについては次の引用六で検討する。そうすればさらに、引用五の「もしこの複数性がなかったら」の「この複数性」が何を指すかも明らかになるであろう。

引用六（引用五の続き）

以上のことから次のことは私たちにすでに明らかである。すなわち、離在的知性認識は数において多数である。だから、諸存在者は第一者に同時に由来するのではない。そうではなく、次のようでなければならない。すなわち、それら〔諸存在者〕の中で最高のものが、それ〔第一者〕に由来する第一存在者である。そしてそれに知性認識が次々と続く。かつ、あらゆる知性認識の下に天球が、その質料と、その魂たるその形相とにおいて在り、また、その〔あらゆる知性認識の〕下に知性認識が在る。それゆえ、あらゆる知性認識の下に、存在において三つのものが在る。したがって、創造において第一知性認識に由来するこの三つのものの存在可能性は、上で述べた三つ組〔第一存在者の諸知性認識〕のゆえであるのでなければならない。〔このように〕複数の領域で、最善のもの〔知性認識〕が最善のものに続くのである。(6)

「それら〔諸存在者〕の中で最高のもの」「第一存在者」とは、今までの引用の中で使われていた用語で言えば、第一者の結果のことであると思われる。なぜなら第一者の結果は第一者に由来するとされているからである。そして、その後に次々と続くとされる「知性認識」とは、引用四、五で「三つ目以降のもの」と名付けたもののことであるように思われる。冒頭で、多数であるとされている「離存的知性認識」とは、第一者の結果と三つ目以降のものの両方を指していると思われる。

その「あらゆる知性認識の下に、存在において三つのものが在る」というその三つのものとは、より下位の知性認識、天球の形相・魂、天球の質料の三つのことであると思われる。そしてこの三つのものの存在可能性は、「第一知性認識に由来し」「上で述べた三つ組のゆえである」とされている。

ここで「第一知性認識」とは、第一者の結果のことであろう。というのも、引用三で見た通り、存在可能性は第一者には由来しない。だからこの「第一知性認識」が第一者であるとは考えられないのである。それゆえ「三つ組」は、引用二で語られているような、第一者の結果における三つの知性認識を指しているように思われる。実際「三つ組」とは三にして一なるもののことであり、「三つのもの」とは異なるはずである。

以上の理解が正しいならば、引用五の理解も容易となるように思われる。すなわち、「第一者の諸結果」とは、第一者の結果における三つの知性認識を指しているように思われる。だから「この複数性に似たもの」も、第一者の結果の三つの知性認識か、あるいは、その原因であるところの、第一者の結果における存在可能性と存在必然性のことを指しているように思われる。

また「もしこの複数性がなければ」の「この複数性」も、第一者の結果における存在可能性と存在必然性の複数性、あるいはそれを原因とする知性認識の複数性のことを指しているように思われる。なぜなら、引用六によれば、この複数性が、第一者の結果より下位の知性認識に複数性が在り得る原因だからである。

そしてまたこれらのことから、引用四で語られた「分有において」という言葉の意味を推測することも可能であるように思われる。すなわち、第一者の結果より下位の知性認識に伴う複数性は、第一者の結果の複数性を原因とし、これと似たものであるがゆえに、前者は後者を分有していると考えられているのであろう。

アヴィセンナ宇宙論のまとめ

続く箇所でアヴィセンナは具体的に、第一者の結果における三つの各知性認識から何が伴うかについて語る。

引用七〔引用六の続き〕

だから、①〔第一知性認識が〕第一者を知性認識することにおいて、第一知性認識から、その〔第一知性認識の〕下に在る知性認識〔第二知性認識〕の存在が伴う。また②〔第一知性認識が〕それ自身を知性認識することにおいて、最外天球〔第一天球〕の形相の存在、すなわちその完全性、つまり魂〔が伴う〕。また③それ〔第一知性認識〕がそれ自身によって知性認識することに組み込まれた、それ〔第一知性認識〕に存在が生じる可能性の自然本性において、最外天球の、その種における本質全体に組み込まれた物体性の存在〔が伴う〕。これ〔物体性の存在〕は可能態を分有するものである。①それゆえ〔第一知性認識が〕第一者を知性認識する限りで、それ〔第一知性認識〕から、〔それとは別に〕或る知性認識〔第二知性認識〕が伴い、かつ②③〔第一知性認識が〕或る観点でそれ〔第一知性認識〕自身に関心を向ける限りで、それ〔第一知性認識〕から、第一複数性が、その二つの部分において伴う。二つの部分とはつまり〔天球の〕質料〔天球自体〕と形相〔魂〕のことである。この質料は、形相を媒介とし、それ〔形相〕を分有して〔在る〕。それはちょうど、その〔第一知性認識の〕存在の可能性が、その天球〔最外・第一天球〕の形相に対応する

現実態において現実化しているのと同様である。(7)(①②③は訳者)

ここで「第一知性認識」とは、今までの用語で言えば、第一者の結果のことであると思われる。この箇所によれば、これが①第一者を知性認識することにおいて(引用二の③に当たる)、下位の知性認識、すなわち第二知性認識が伴う。また②自身を知性認識することにおいて(引用二の②に当たる)、最外天球の形相・魂が伴う。さらに③自身の存在可能性によって(引用二の①に当たる)、質料、すなわち、可能態を分有する最外天球の物体性の存在が伴う。これと同様に、より下位の知性認識においても、その自己認識の複数性から、より下位の知性認識や各天球が伴うと考えられているのであろう(引用六、中盤参照)。

以上の通り、『治癒の書』「神的学(形而上学)」第九巻第四章のアヴィセンナによれば、第一者は第一者の結果(第一知性認識)の存在可能性(知性認識能力)の原因ではない。そうではなくむしろ第一者は第一者の結果の存在必然性(現実態における知性認識)の原因である。第一者の結果における存在可能性と存在必然性の複数性には三つの知性認識が属する。そしてそれらから、下位の知性認識、最外天球の形相・魂、質料・物体性が伴う。そして下位の諸知性認識からも同様に、さらに下位の知性認識、各天球の形相・魂、質料・物体性が伴う。これら三つのものが存在する可能性はすべて、第一者の結果における三つの知性認識、あるいは、その原因であるところの、第一者の結果における存在可能性と存在必然性の複数性のゆえである。

アヴェロエスによる批判

アヴェロエスは彼の『「形而上学」ラムダ巻大注解』で、上記のようなアヴィセンナの立場を次のように理解している。

引用八

彼ら〔アヴィセンナら〕は語る。以下のことは事実明らかである。すなわち、これらの知性認識のうちの或るものが或るものに伴う。それは、結果が原因から〔それとは別のものとして〕、あるいは、原因を有するものが原因から〔それとは別のものとして〕伴うという意味においてである。また以下のことは受け入れられている。すなわち、第一実体〔第一者〕は究極的に一であり、究極的に純一である。そしてこのような一で純一なものから発出し、〔それとは別のものとして〕それに伴うのはただ一つのものだけであり、第一天の動者〔第一知性〕から、〔それとは別のものとして〕第一天自体〔質料〕と、それに伴う〔近接する〕天球の動者〔第一天球の魂・形相〕が伴う。だから、〔第一天の動者・第一知性は〕純一でないのでなければならない。それゆえ、それ〔第一天の動者・第一知性〕には、それよりもより先の原因〔第一実体・第一者〕がなければならないのである。(8)

この箇所によれば、アヴェロエスが理解するアヴィセンナの見解は次の通りであると思われる。すなわち、或る知性認識は他の知性認識の原因である。その中で第一実体（第一者）は究極的に純一である。これを原因とする結果は一つのものだけである（これに相当する発言はアヴィセンナ『治癒の書』「神的学（形而上学）」第九巻第四章（十）に登場する）。(9)それに対して第一天の動者（第一知性）は第一天自体（質料）とその近接動者（形相・魂）の原因でもある。だから第一天の動者は純一でない。この理解は、上述の『治癒の書』「神的学（形而上学）」第九巻第四章におけるアヴィセンナの見解と大枠において一致していると思われる。
このように理解されたアヴィセンナの見解をアヴェロエスは次のように批判する。

引用九（引用八の続き）

しかし以上のような発言は誤りをもたらす。つまり、一つの作用者に由来するのは一つの活動であるということになると我々が言うほどの外見も必然性も現実活動もない。在るのはただ、知性認識対象が知性認識者の原因であると我々が言う意味での原因と結果だけである。もしそのようであるならば、それ〔知性認識対象〕自身が知性認識〔活動〕でありかつ知性認識対象であるものにおいて、それ〔知性認識対象〕の様々な類似性が〔他の諸々の知性認識者に〕知性認識されるということから、〔知性認識対象が〕様々な存在者の原因であるということは妨げられない。そうであるならば、これらの知性認識はこの〔知性認識対象の〕認識の様々な類似性を認識するのである。[10]

この箇所によれば、一つの作用者に由来するのは一つの活動だけであるとはかぎらない。つまり、第一実体（第一者）がいくら純一でも、それを原因とする結果、そこに由来する活動が一であるとは限らない。たとえば、もし知性認識対象が、アリストテレスが『形而上学』第十二巻（ラムダ巻）第七、九章で語る「知性認識の知性認識」のように、それ自体で知性認識活動でもある、つまり、知性認識者と一体で、純一であるとしても、その様々な程度の類似性が他の知性認識者によって知性認識されるということから、それは様々な存在者の原因であって構わない。

しかしこのようなアヴェロエスの主張は、上述の『治癒の書』「神的学（形而上学）」第九巻第四章におけるアヴィセンナの見解を必ずしも否定してはいないように思われる。その理由は以下の通りである。確かに引用三によれば、第一者が原因であるのは、第一者の結果の存在必然性（現実態における知性認識）だけである。しかしそこでのポイントは、第一者は第一者の結果の存在可能性の原因ではないということである。第一者が存在必然性を通して、第一者の結果の諸結果の原因であることは否定されていない。実際、引用六で見た通り、第一者の結果の三つの知性認識が原因であると言われているのは、下位の諸知性認識に伴う三つのものの存在可能性であって、存在必然性ではないのである。

さらに引用二②によれば、第一者の結果は、その本質において知性認識可能なかぎりで存在必然性を知性認識する。これはまさに知性認識対象の或る類似性を他の知性認識者が知性認識していることであると理解することが可能である。

だから、アヴェロエスによるアヴィセンナ批判はむしろ、上述のアヴィセンナの見解に対して、第一者・第一実体が、一つのもの（存在必然性）の原因であるだけでなく、それを通じて、他の様々な存在者の原因でもあるという見解を付け加えているると理解する方が良いように思われるのである。

二　アルベルトゥス宇宙論

アヴェロエス的アヴィセンナ理解

アルベルトゥスは彼の『「原因論」註解』第一巻第四論考第八章で、アヴィセンナ宇宙論を、アヴェロエスの立場を取りつつ受け入れている。

『原因論』とは、アラビア語著作『純粋善について』のラテン語訳である。『純粋善について』は、五世紀の新プラトン主義者プロクロスの『神学綱要』（ギリシア語著作）の翻案であり、九世紀頃イスラーム世界で成立したと考えられている。しかしアルベルトゥスは『原因論』をアリストテレスやアヴィセンナらの未知の諸著作からの抜粋集であると考えていた。

だからアルベルトゥスは、この著作の著者はアリストテレスであるとされていたにもかかわらず、その新プラトン主義的内容から、アヴィセンナ宇宙論の解釈に註解書の紙幅を割いたのであろう。ただし、ここで引用する『「原因論」註解』第一巻は、直接註解を行う部分ではなく、それに先立ってアルベルトゥス自身の宇宙論を展開している箇所である。

引用十

ところで「私たち以前のすべての哲学者たち」が前提とした命題、すなわち、自然本性の順序に従って、純一な一つのものに直接由来するのはただ一つしかないということを、私たちは前提とする。〔中略〕私たちも、普遍的能動知性が諸事物に能動・作用して諸事物を成立させるのはただ、能動的に知性認識し諸知性体を流出させることによってのみであるということを前提とする。〔普遍的能動知性は〕この仕方で〔能動的に〕知性認識するかぎりで自分自身によって事物を成立させ、その事物に従って自身の知性の光輝が限界付けられる。(11)

この箇所によれば、アルベルトゥスは二つのことを前提としている。一つは、「純一な一つのものに直接由来するのはただ一つしかない」ということである。この点でアルベルトゥスはアヴィセンナと共通し、恐らくアヴェロエスとも矛盾しない。実際アルベルトゥス自身この箇所で、アルベルトゥス以前のすべての哲学者たちがこのことを前提していると語っている。そこには当然アヴェロエスも含まれていると思われる。なぜなら、ここで言われている「哲学者たち」とは恐らくペリパトス派（アリストテレス主義者たち）のことだろうからである（引用八参照）。

もう一つは、普遍的能動知性が、能動的に知性認識し、諸知性体（諸知性認識）を流出させることのみによって、諸事物に能動・作用し、諸事物を成立させるということである。普遍的能動知性とは、第四章の一引用十三で語られていた通り、普遍知でも個別知でもない神的諸実体のことであり、それゆえまた、アリストテレスが彼の『形而上学』第十二巻（ラムダ巻）第七、九章で言うところの「知性認識の知性認識」のことであると思われる。

ちなみに、次の引用十一で「普遍的第一能動知性」「第一知性」と呼ばれているのは、アヴィセンナが言うところの第一者と基本的には同じであると思われる。また、「能動的に知性認識する」とは、受動的に知性認識する人間の知性とは異なり、知性認識することが即何かを生み出すことであることを意味していると思われる。

ここで注意すべきなのは、普遍的能動知性が、諸知性体を流出させ、そのことによって諸事物を成立させるとされている点である。というのも、普遍的能動知性には文脈上、次の引用十一に登場する普遍的第一能動知性も含まれると思われるからである。だからアルベルトゥスは、引用九のアヴェロエスと同様、普遍的能動知性が、自身に由来する一つのもの、すなわち知性の光輝（アヴィセンナにおける存在必然性と思われる）を通じて、諸知性体始め諸事物をも成立させると考え、そのような仕方でアヴィセンナ宇宙論を受容しているように思われるのである。知性の光輝が「限界付けられる」ということについては本章引用二十四の後で検討する。

引用十一（引用十の続き）

だから、普遍的第一能動知性がこの仕方で〔能動的に〕自身を知性認識するかぎりで、自身に由来するところの知性の光輝は第一形相であり、他のものに由来するという点を除いて、すべてにおいて、知性認識する者の形相を有する第一実体である。そして〔普遍的第一能動知性に由来する知性の光輝は〕他のものに由来するということにおいて三つの関係を有する。すなわち、①〔自身が〕そこに由来し、それによって自身に存在が在るところの第一知性との関係、②「〔自身がそれ〕であるということ」に即した、自分自身との関係、③〔自身が〕無に由来しているということに即した、可能態において在るものとの関係である。なぜなら存在する前は可能態に在ったからである。というのも他のものに由来するものはすべて生み出されたものであり、生じる前は可能態に在ったからである。[12]（①②③は訳者）

この箇所によれば、普遍的第一能動知性が自身を知性認識するかぎりでは、この知性の光輝は第一形相であり、第一実体である。これは恐らく知性認識の現実態のことであろう。しかし、この光輝が、普遍的第一能動知性自身に由来するのではなく、他のものに由来する場合、つまり、普遍的第一能動知性以外の知性体に受け取られているかぎりでは、この知性の光輝は三つの関係を有する。すなわち、①第一知性（普遍的第一能動知性）との関係、②自身との関係、③可能態において在るものとの関係である。これは、引用二と引用七で語られたアヴィセンナ宇宙論と酷似している。すなわち、ここでの①は、引用二の③、引用七の①に、②は引用二、引用七の②、③は引用二の①、引用七の③に当たると思われる。そのことは次の引用十二でより明らかになる。

可能態概念の拡張

「可能態において在るもの」とは、その直後の説明からすると、可能態に在るかぎりでの知性体自身のことであると思われる。ここでアルベルトゥスは可能態を、物体だけでなく知性体にも認めている。アヴィセンナにもアヴェロエスにも、類似した考えは見られるものの、少なくとも、可能態という概念を知性体に適用するのはアルベルトゥスに独自なことであるように思われる。このようにアルベルトゥスは、アリストテレスに端を発する可能態概念を、物体から知性体に至るまで適用されるものとして拡張して解釈しているのである。

引用十二（引用十一の続き）

だから①第一知性体が必然的存在を有するのはただ、自身が第一知性に由来するということを知性認識することに即してのみである。②一方、自身が第一知性に由来していると、〔第一知性体が〕それによって知性認識するところの第一知性の光輝は、「〔自身がそれ〕であるということ」に従って〔第一知性体が〕自身を知性認識するのに即して、第一知性体において終焉する。そしてそれゆえ、下位のものがそれ〔第一知性体〕の下に成り立たなければならない。これが魂とも、諸天において魂の位置に在るものとも言われるところの第二実体である。③他方、〔第一知性体が〕自身が無に由来し、可能態において存在していたと知性認識することに即して、可能態に在る実体の段階が始まらなければならない。これが第一形相の下に在る質料であり、第一作動対象と呼ばれるところの天体という質料である。実際この質料は可能的に分割可能である。そして〔天体という質料は〕魂の位置に在るこの形相〔第一形相〕によって照らされているかぎりで、或る程度どこにでも存在する運動〔天球運動〕を通して直ちに広げられており、知性体の光輝を捉えるために円形と円運動、すなわち天球の形と運動を受け取るのである。[13]（①②③は訳者）

ここで、第一知性とは別のものとして第一知性体（知性認識）が登場する。また、ここで語られている「必然的存在」とは恐らくアヴィセンナが用いた専門用語としてのそれであると思われる。引用一によれば、アヴィセンナにおける必然的存在とは、現実態における知性認識のことであった。だから、ここで「第一知性体が必然的存在を有する」と言われているのは、第一知性体が現実態において知性認識するという意味であると理解して良いように思われる。

では、第一知性体が現実態において知性認識するのはただ「自身が第一知性に由来するということを知性認識することに即してのみである」というのは、どのような意味であろうか。次のように理解できると思われる。すなわち、「自身が第一知性に由来するということを知性認識する」とは、「第一知性に由来するかぎりでの自身を知性認識する」ということと同じであると思われる。だから、第一知性体が現実態において知性認識するとは即ち、第一知性に由来するかぎりでの自身を知性認識することである。

次に、「自身が第一知性に由来していると、それによって知性認識するところの第一知性の光輝」と言われている。だから、第一知性体が第一知性に由来しているかぎりでの自身を知性認識するのは、第一知性の光輝によってであると思われる。これはすなわち、第一知性に由来するかぎりでの第一知性体とは、第一知性の光輝そのものであるということであるように思われる。このことについては、引用十三の後でさらに議論される。

この第一知性の光輝は、第一知性体が「『(自身がそれ)であるということ』に従って自身を知性認識する」、すなわち、自身を自身として知性認識するのに即せば、第一知性体において終焉する、つまり、第一知性の光輝でなくなる。では一体何になるのであろうか。

第一知性体において第一知性の光輝が第一知性の光輝でなくなると、「下位のものがこれ(第一知性体)の下に成り立たなければならない」。ここで言われている後者の「第一知性体」とは、第一知性に由来するかぎりでの第一知性体であるように思われる。なぜなら引用十三で語られる通り、第一知性体が知性体、すなわち現実態における知性認識であるのは、第一知性の光輝のゆえだからである。

それゆえ、第一知性体において第一知性の光輝が第一知性の光輝でなくなるかぎりでは、第一知性体は、知性体であるというよりもむしろ「魂とも、諸天において魂の位置に在るものとも言われるところの第二実体である」。なぜそうなのであろうか。この疑問を解くカギは、次の記述で、第一知性体が「自身が無に由来し、可能態において存在していたと知性認識することに即して、可能態に在る実体の段階が始まらなければならない」と語られているところにあるように思われる。

ここで「可能態に在る実体」とは、その後の記述からすると、第一知性体の可能態ではなく、「第一作動対象と呼ばれるところの天体という質料」、すなわち、第一天体のことであると思われる。なぜ第一知性体が「自身が無に由来し、可能態において存在していたと知性認識することに即して」第一天体という質料の段階が始まらなければならないのであろうか。

第四章の二「天体動者の複数性」の箇所によれば、知性体は非物体であり、超時間空間的なので、分割不可能で部分を有し得ない。だから一つの天体に対して全体で接触せざるを得ない。それゆえ知性体は複数の天体に対して全体で接触することができない。したがってアヴェロエスもアルベルトゥスも、アリストテレスの立場に従って、各天体それぞれにその魂・作用因たる知性体が一つ一つ別々に存在すると考えた。

知性体が別々に存在するためには、各知性体がそれぞれ異なる可能態を有していなければならない。つまり、各知性体、すなわち知性認識がそれぞれの可能態を有していることが、或る知性体が他の知性体ではなく自身であることの、また同時に、各天体の魂であることの、つまり、各天体の魂が各天体という質料を必要とすることの可能根拠・必要条件でもあるのである。

だから上記の通り、第一知性体も、自身を自身として、つまり他の知性体ではないものとして知性認識するのに即して、「魂とも、諸天において魂の位置に在るものとも言われるところの第二実体」なのであり、また、「可能態において存在していたと知性認識することに即して」第一天体の段階が始まるとされているように思われるのである。

実際アルベルトゥスは引用十二の終わりの方で、天体の魂のことを「魂の位置に在るこの形相（第一形相）」と呼んでいる。引用十一によれば第一形相とは知性の光輝のことであった。だから、アルベルトゥスによれば天体の魂とは知性の光輝なのである。これはまさに、第三章で見た通り、天体の魂を知性と考えるアヴェロエスの立場であると思われるのである。実際アルベルトゥスは他の箇所でも、引用十二に登場する三つの知性認識は、知性体の実体を多様化せず、その力を多様化すると述べているのである。(14)

技術知のたとえ

アルベルトゥスは、以上のような考えを次のようにまとめている。

引用十三（引用十二の続き）

だから、①生み出された諸実体の中で第一のものであるところの知性体〔第一知性体〕は、自身が第一知性に由来するということを知性認識することに即せば、第一知性の光輝のうちに在り、その光輝そのものであり、それゆえに知性体なのである。②一方、「〔自身がそれ〕であるということ」に即せば、自身の光輝を他の何らかの存在〔第一天体〕に広げ、それゆえ魂、あるいは魂の位置に在るところのものへと広がる。③他方、自身が無に由来し、可能態において存在しているということを知性認識することに即せば、質料的存在〔第一天体〕へと降下し、それゆえ、物体性の形相の下で第一作動対象であるところのもの〔第一天体〕になるのである。[15]（①②③は訳者）

この箇所によれば、第一知性体は「自身が第一知性に由来するということを知性認識することに即せば、第一知性の光輝のうちに在り、その光輝そのもの」である。これはつまり、第一知性に由来するかぎりでの第一知性体（第一知性認識）とは、第一知性の光輝そのもののことであるという意味であると思われる。また第一知性体は「『〔自身がそれ〕であるということ』に即せば、自身の光輝を他の何らかの存在に広げ、それゆえ魂、あるいは魂の位置に在るところのものへと広がる」。これは、第一知性体が、それ自身であるかぎりでは、第一天体の魂の位置に在るものになるという意味であるように思われる。

さらに第一知性体は、「自身が無に由来し、可能態において存在しているということを知性認識することに即せば、質料的存在へと降下し、それゆえ、物体性の形相の下で第一作動対象であるところのもの〔第一天体〕になる」。この後半部分は、第一知性体が第一天体にもなるということを意味しているように思われる。つまりアルベルトゥスによれば、第一知性体は第一天体に、場所的運動だけでなく、その実体形相〔本質、何であるか〕も与えているのである。

アルベルトゥスは、以上のようにまとめた考えを、技術知のたとえによって補足説明する。

引用十四（引用十三の続き）

このことのたとえは技術知のうちに在る。すなわち、もし技術知が、技術知自体もそこから成り立っているところの知性の光輝と関係付けられるならばその場合、〔技術知は〕固有な意味で知性的光輝である。一方もし技術知が、何か〔人工物の〕形相であるということに即して、それ〔技術知〕自体で考察されるならばその場合、自身の像であるところのもの〔人工物〕を成り立たせることができる。他方〔技術知が〕、生み出されたものであり、〔それ自身では〕可能態に在り、現実態にはないのに応じて、自身の形相を可能的に受け取ることができるところのもの〔質料〕を必要とする。なぜなら〔技術知は〕自身で存在する自身の形相をこの仕方で〔自身で存在するという仕方で〕成り立たせることはできないからである。そうではなく、この形相を〔技術知は〕、それを基礎付け限界付けるところのものにおいて成り立たせるのである。(16)

この箇所で、「技術知が、技術知自体もそこから成り立っているところの知性の光輝と関係付けられる」場合とは、第一知性に由来するかぎりでの第一知性体、すなわち、第一知性の光輝そのものとしての第一知性体と、第一知性（の光輝）との関係のたとえであるように思われる。

また「技術知が、何か（人工物）の形相であるということに即して、それ（技術知）自体で考察されるならばその場合、自身の像であるところのもの（人工物）を成り立たせることができる」とは、それ自身としての第一知性体が、第一天体の魂の位置に在るもののたとえであるように思われる。ここで「自身の像であるところのもの」とは、その技術知が生み出す人工物のことであり、それは第一天体のたとえであるように思われる。

さらに、技術知が「生み出されたものであり、（それ自身では）可能態に在り、現実態にはないのに応じて、自身の形相を可能的に受け取ることができるところのものを必要とする」とは、可能態に在るものであるかぎりでの第一知性体が第一天体になることのたとえであるように思われる。「可能的に受け取ることができるところのもの」「それ（形相）を基礎付け限界付けるところのもの」とは具体的には、その技術知が生み出す人工物の素材・質料のことを指していると思われる。

諸知性体の流出

次にアルベルトゥスは、どのようにして第一知性体以外の諸知性体が第一知性から流出するかを説明する。

引用十五（引用十四の続き）

だから私たちは、第一番目の知性体と呼ばれる第一知性体の成立を以上のように考える。「或る人々」が第一天の魂と呼ぶ第一天球の近接動者の成立も〔以上のように〕考える。そして私たちは、第一天球、すなわち第一天〔体〕の成立を、自身が可能態において存在していると〔第一知性体が〕知性認識するということに即して考える。ところで、第一原理の知性の光輝は第一知性体に流出しかつ満ち溢れるので、光輝の満ち溢れは再び第一〔知性〕と関係するということが成り立つ。そしてこのように自身を知性認識しているかぎりで〔知性の光輝は第一番目の知性体と〕同じ理由で第二番目の知性体を成り立たせる。これ〔第二番目の知性体〕は自身を「〔自身がそれ〕であるということ」に即しても知性認識する。そしてその場合〔第二天体の〕近接動者〔魂〕を成り立たせる。〔第二番目の知性体は〕可能態において在るということに即しても自身を知性認識する。そしてその場合、第二天〔体〕であるところの第二作動対象を成り立たせる。なぜなら〔知性体が〕能動知性において〔能動的に〕自身を知性認識するということは、事物を成り立たせるために知性的光輝を発するということだからである。第二知性体、第二動者、第二作動対象も以上のように考えられる。そしてこの知性体が再び、自身が第一知性に由来しているということを知性認識するかぎりで、満ち溢れる光輝において自身を知性認識しなければならない。そしてこの仕方で第三番目の知性体が成り立つであろう。〔第三番目の知性体が〕「〔自身がそれで〕あるということ」に即して自身を知性認識するとその場合、第三作動対象〔第三天体〕の動者が成り立つだろう。可能態において在るということに即して自身を知性認識するとその場合、第三作動対象、すなわち第三天〔体〕が成り立つであろう。(17)

この箇所で「第一原理の知性の光輝は第一知性体に流出しかつ満ち溢れる」とは、第一知性の光輝は第一知性体に尽きるわけではないということを意味しているように思われる。

「〔第一知性の〕光輝の満ち溢れは再び第一〔知性〕と関係するということが成り立つ。そしてこのように自身を知性認識しているかぎりで、（知性の光輝は第一番目の知性体と）同じ理由で第二番目の知性体を成り立たせる」とは、第一知性体に尽きない第一知性の光輝が、第一知性体を流出させるのと同じように、第二知性体をも流出させるということを意味していると思われる。

「第二番目の知性体は自身を「（自身がそれ）であるということ」に即しても知性認識する。そしてその場合近接動者（魂）を確立する」「（第二番目の知性体は）可能態において在るということに即しても自身を知性認識する。そしてその場合、第二天（体）であるところの第二作動対象を成り立たせる」とは、第一知性体が第一天体の魂となり、また、第一天体にもなるのと同様に、第二知性体も第二天体の魂になり、また、第二天体にもなることを意味していると思われる。

「そしてこの知性体が再び」では、第一、第二知性体に起こったことと全く同様のことが、第三知性体以下の諸知性体にも起こることが示されていると思われる。

ところで、引用十五によれば、第二知性体以下の諸知性体は、第一知性体と同じく、可能態に在るものでもある。これは、引用六で語られたアヴィセンナの立場とは異なるように思われる。

というのも、引用六によれば、諸知性体（諸知性認識）に下位の知性体（知性認識）、天球の魂、天球という三つのものが存在する可能性は第一知性認識（知性体）に由来する。それに対してアルベルトゥスによれば、少なくとも第二、第三知性体が各天体の魂であり、各天体になるのは、それ自身が可能態に在るものからであるように思われるのである。

三　アルベルトゥス流出流入論

流出とは何か

アルベルトゥスは以上のような彼のアヴィセンナ宇宙論理解をさらに一般化普遍化して、「流出流入論」とも呼ぶべき彼独特の形而上学を打ち立てる。彼はまず自身の『「原因論」註解』第一巻第四論考第一章「事物が事物から流出するとは一体何か」で、流出について以下のように語る。

引用十六

原因を有するもの〔結果〕がいかにして原因から流出するかということを今我々は説明しようとしているので、流出それ自体は一体何かということを我々はまず最初に語らなければならない。なぜなら原因の区分と流出するものの原理〔源泉〕の区分とは別だからである。というのも流出するのはただ、流出するものと、そこから流出が生じるところのもの〔流出の原理・源泉〕とにおいて一である形相を有するところのものだけだからである。それはちょうど川が、そこから流出するところの源泉と同じ形相を有し、水は両者において同じ種、形相を有しているのと同様である。このこと〔同一の形相を有していること〕は原因を有するもの〔結果〕と原因とにおいて常に在るわけではない。なぜなら或る原因は〔結果と〕同名異義的に原因だからである。同様に、流出するということは〔結果と〕同名同義的に原因であるということと同じではない。なぜなら同名同義的な原因と原因を有するもの〔結果〕とは時々他のものにおいて原因となるからである。しかしそこから流出が生じるところの源泉からは、基体において何かを質的変化の運動、あるいは他の何か〔の運動〕によって変化させるということなしに、ただ純一な形相だけが流出するのである。(18)

この箇所によれば、「流出するものと、そこから流出が生じるところのもの（流出の原理）とにおいて一である形相を有するところのものだけ」が流出する。つまり、流出の原理・源泉と、その原理・源泉から流出して来るものとは、同一の形相を有していなければならない。それは、川の水源と、そこから流れ出て来る川が、両方とも同じ水の形相を有しているのと類似している。

それに対して原因とその結果とは常に同じ形相を有しているとは限らない。「なぜなら或る原因は同名異義的に原因だからである」。つまり、原因とその結果が同じ形相を有していない場合があるからである。

また、「流出するということは同名同義的に原因であるということと同じではない」。すなわち、たとえ原因とその結果が同じ形相を有していたとしても、その結果が原因から流出すると言えるとは限らない。「なぜなら同名同義的な原因と原因を有するもの〔結果〕とは時々他のものにおいて原因となるからである」。

この言葉は一体どのような意味であろうか。この疑問を解くカギは、次の「そこから流出が生じるところの源泉からは、基体において何かを質的変化の運動、あるいは他の何か（の運動）によって変化させるということなしに、ただ純一な形相だけが流出する」にあるように思われる。

この箇所によれば、流出の源泉からは、純一な形相だけが流出する。その際基体において質的変化その他の運動によって何かが変化するということはない。ここで運動変化と言われているものには恐らく、実体変化だけでなく、量的変化、質的変化、場所的変化などの付帯的変化も含まれているであろう。そこで生じる実体、量、質、場所などと、流出して来る純一な形相とは明確に区別されていると思われる。実際、運動変化によって生じる実体、量、質、場所などは、物体形相であるので、基体・質料に受け取られて個別化されており、純一ではあり得ない。

もしそうだとするならば、上述の「同名同義的な原因と原因を有するもの（結果）とは時々他のものにおいて原因となる」とは次のような意味であると思われる。すなわち、或る原因がその結果と同じ形相を有していても、その原因がその結果の形相を生じさせる際に、その原因と結果とが上述のような運動変化をも生じさせるならば、その運動変化は流出ではない。だから、「他のものにおいて」の「他のもの」とは、運動変化、あるいは、運動変化が起こる場所である基体・質料のことであるように思われる。

運動、原理とのちがい

アルベルトゥスはこのことを、技術知のたとえで次のように説明する。

引用十七（引用十六の続き）

それはちょうど技術知の形相が純一な技術知から流出すると我々が語る場合と同様である。これ〔技術知の形相〕は、自身の乗り物であるところの精気のうちに在って、製作者の両手や諸器官に流出するときと、自身の起源としての技術知自体において受け取られているときとで同じ内容を有している。なぜならもし流出する形相がそこへと流出するところの質料を何かが変化させるにしても、しかしそのこと〔質料を変化させること〕は流出がそこから生じるところの原理の本質に属する何ごとでもないからである。そうではなく、能動・受動する諸性質〔熱・冷・湿・乾〕は、基体を道具的に変化させる何か他の原因を有している。それはたとえばまさかりや斧が、質料のために物体的に利用される製作者の道具であって、流出する技術知の形相のため、あるいは、この流出の原理であるところの技術知のためではないのと同様である。だから、原因が何かに作用するのはただ〔原因が〕何らかの基体において存在している場合のみであるが、しかし流出がその特質から示すのはただ純一な形相原理自身からの形相の発出のみであるので、流出するということは原因であるということと同じでないのは明らかである。(19)

この箇所によれば次のようであると思われる。すなわち、純一な〔知性認識たる〕技術知からその同じ純一な技術知の形相が流出する。その形相が、精気や製作者の両手や諸々の身体器官に流出する際、それらに量的、質的、場所的等の付帯的変化が生じる。それはたとえば精気や両手の質的変化や場所的移動などである。それは当然、熱・冷・湿・乾という四元素が有する諸性質を通して起こるだろう。なぜなら精気や身体の諸器官は四元素から成る月下の物体だからである。

しかしたとえそうだとしても、そのような変化は、流出の源泉の本質、すなわち、流出の源泉としての流出の源泉〔ここでは知性認識たる技術知〕に属する事柄ではない。そうではなく、製作者の精気や両手や諸器官を技術知の道具として変化させる何か他の原因〔たとえば脳など〕によって引き起こされているのである。この「何か他の原因」とは、最終的には事物の可能性のことであるように思われるが、このことは引用二十三以下で議論される。

引用十八〔引用十七の続き〕

さてさらに、〔流出の源泉であるということは〕原理であるということと同じでもない。なぜならもし原理であるもののうちに力が生じる〔何かが原理である〕ならば、原理はすべて、〔原理が〕それの原理であるところの事物の何かである。このことは名称自体にも影響している。なぜなら原理とは事物の第一のもの〔始まり〕のことだからである。しかしここで我々がそれについて語っているような流出の源泉であるものは、常に事物の何かなわけではない。なぜなら〔流出の〕第一源泉は何ものにも混ざり得ず〔純一で、流出の第一源泉が〕成り立たせるところの何らかの事物の部分ではあり得ないからである。(20)

この箇所によれば、「原理はすべて、（原理が）それの原理であるところの事物の何かである」。それに対して「流出の源泉であるものは、常に事物の何かであるわけではない」。つまり、流出の源泉は、他の事物の何かである場合もあれば（その場合はその事物の原理たり得る）、そうでない場合もある。「なぜなら（流出の）第一源泉は何ものにも混ざり得ず（純一で、流出の第一源泉が）成り立たせるところの何らかの事物の部分ではあり得ないからである」。ということは、流出の源泉が、他の事物の何かである場合でも、それは、その事物と混ざったり、その事物の部分であったりするという意味では決してないということになる。

以上から、アルベルトゥスが考える流出の特徴を次の三つにまとめることができるように思われる。すなわち①流出の源泉と、そこから流出するものとは、同一の形相を有している、②流出の源泉から流出するのは純一な形相だけであり、流出はいかなる運動変化でもない、③流出の源泉は他の事物の何かではあり得るが、他の事物と混ざったり、他の事物の部分であったりはし得ない。

このような理解をアルベルトゥスは同箇所で「流出とは、すべての形相の源泉、起源であるところの第一源泉からの形相の端的な〔純一な〕流出である」とまとめている。そして上記の三つの特徴から、流出の源泉は、原因や原理でもあるということはあり得るが、だからといって流出の源泉が必ずしも原因や原理であるわけではないということが示されていると思われる。

新プラトン主義的側面

以上のようなアルベルトゥスの流出論は、ただ単に新プラトン主義的ともアリストテレス主義的とも言い難いように思われる。ただしアルベルトゥスは同箇所で、自身が考える流出に次のような新プラトン主義的な特徴が有ることを補足し確認している。

引用十九

それ〔流出〕において純一な形相の第一起源自身は、自身から発出する形相を、自身を減じることなく自身を伝えることによって自身から放射する。それはちょうど光線が光から発出し、光線そのものは〔光線が〕それに当たるところのものにおいて、自らを拡散させ多数化し反射させることによって、できるかぎり光輝の第一源泉に似た光輝を成り立たせるのと同様である。(21)

この箇所によれば、純一な形相の第一起源は形相を、光が光線を放射するように放射し、その際自身を減じることはない。

引用二十

しかしもし何が第一源泉にこの流出を放射させるのかと問われるならば、何ものも第一のもののうちへと作用することはできないので、次のように言わなければならない。〔第一のものは〕常に現実態において在り、善性の豊富さから常に溢れているので、第一のものの伝達可能性そのものがこの流出を生み出す。なぜならその〔第一のものの〕外部には、それ〔第一のもの〕を可能態から現実態へと引き出す、あるいは能力態から作用をさせるところの何ものも存在しないからである。〔中略〕そしてもし、流出するものの乗り物は何かと問われても〔その問いは〕何も問うていない。というのも乗り物によって運ばれている形相は物体的であり、それを運ぶ精気のうちに物体的存在を有している。しかしここで第一源泉からの流出は本質に即しても存在に即しても知性的であり純一である。このため〔流出するものは〕それ自身の伝達可能性でなければ乗り物は有していない。なぜなら我々がそれについて語ったところの第一のものはその卓越した純一性のためにすべてのものに浸透しているからである。そしていつでもどこにでも存在するものがそれに欠けるところのものは何もないのである。(22)

これらの箇所によれば、第一源泉は、他の何ものによるのでもなく、自身の伝達可能性により流出を生み出す。

流入とは何か

アルベルトゥスは次に彼の『「原因論」註解』第一巻第四論考第二章「流入とは何か」で彼の流入論を以下のように展開する。

引用二十一

ところで、流入するということは以上のような流出を受容可能な何かに注入するということである。このことは四つの仕方で起こる。①第一には、〔形相が〕流出の第一原理において有しているところの、流出する形相の特質に即してである。それはたとえば第一原理が自身の光輝の流出によってそれを成り立たせるところの知性体の成立のために流入するにせよ、すでに成立している知性体をより照らすために知性体の上に流入するにせよ、〔いずれにせよ〕第一原理、普遍的能動知性が知性体に流入する場合である。②第二の仕方でこのこと〔流入〕が起こるのは、流入する光輝の暗さに即してである。すなわち、第一源泉の透明さから離れているということからである。それはたとえば物体〔天体〕への依存のために第一の透明さ、純粋さが陰らざるを得ないところの魂〔天体の魂〕が成立するために〔知性的光輝が〕流出する場合である。③第三の仕方で〔流入が〕起こるのは第一〔知性的〕光輝の降下に即してである。第一光輝は知性的光輝の特質から降下して物体的〔天体〕になる。なぜなら諸々の能動的なものの現実態が諸々の受動するもののうちに在るのは諸々の受動的なものの可能態、可能性に即してだからである。このようにして〔第一光輝は〕物体性を受け取ることができる質料〔天体の質料〕へと流出するのである。④第四の仕方は、陰と混ざっているものが流出する場合である。それはたとえば、第一光輝の透明性、純粋性と対立するところの対立性によって区別され、多様性の下に在る質料〔第一質料〕へと〔第一光輝が〕流出する場合である[23]（①②③④は訳者）。

この箇所によれば、アルベルトゥスが考える流入とは、流出を受容可能な何かに注入することである。そして流入には四つ在る。すなわち知性体への流入、天体の魂への流入、天体への流入、月下の物体への流入である。

ここで魂とは、引用十二で「諸天において魂の位置に在るもの」と語られたもの、すなわち天体の魂のことであると思われる。また第三の流入が起こるのは天体においてであると思われる。なぜならアルベルトゥスは同著作において流出流入について語る場合、常に第一原理・普遍的能動知性、知性体、天体の順番で語っているからである。

第四の仕方で流入が起こるのは月下の物体においてであると思われる。なぜなら「対立性によって区別され、多様性の下に在る質料」とは、月下の諸物体の質料たる第一質料の説明にふさわしいと思われるからである。

アルベルトゥスは以上のような区別をさらに、技術知にたとえて次のように説明する。

引用二十二（引用二十一の続き）

だから〔光輝は〕離れているものとして、降下しているものとして、終焉しているものとして、陰に覆われているものとして流出する。このことのたとえは技術知の光輝から生じる形相のうちに在る。この形相は技術知の光輝において最も純粋であり、運搬者である精気においては〔技術知の光輝の純粋さから〕離れており、製作者の諸器官において終焉しており、諸々の石や木においてははなはだしく陰に覆われている。しかしこれらすべてのものにおいて〔技術知の光輝から生じる形相は〕同一なのである。(24)

この箇所では恐らく、知性体への流入が技術知の光輝そのものにおける形相に、天体の魂への流入が精気における形相に、天体への流入が製作者の諸器官における形相に、月下の物体への流入が石や木における形相にたとえられていると思われる。

受容・保持としての流入

さらにアルベルトゥスは流入を次のように厳密に規定する。

引用二十三（引用二十二の続き）

しかしもし「流入する influere」と言われるとき、接頭辞〔in〕によってもたらされている内容は何においてであるかと問われるならば、流入がそれに生じるところの事物の可能性においてと言わなければならない。この事物の可能性は〔その事物〕自身に由来する。実際無に由来するものはすべてそれ自身からは無であり、それ自身から有するのはただ存在へと向かう可能性のみであるということは以前に述べられている諸々のことにおいてすでに規定されているのである。この可能性はその存在の原因であるものによって満たされるとき、自身へと流出している存在を保持する。そしてこのこと〔受容・保持〕が固有な意味で流入と呼ばれる。たとえ流入は第一のものの側に由来し、受容と保持は第二のものの側に由来するとしてもそうである。このことからもし第二のものがさらに流出、流入するならば、流出するのはただ第一のものの力によってのみであるということは明らかである。なぜなら〔第二のものは〕「それであるということ」に即せばただ受容と保持の可能性のみを有するということがすでに述べられているからである。[25]

この箇所によれば、流入が生じるのは、正確には事物の可能性においてである。そしてこの事物の可能性は、第一のもの、すなわち、流出の第一源泉、第一原理たる普遍的能動知性にではなく、その事物自身に由来する。

このような事物の可能性・可能態の捉え方は、引用三で語られたアヴィセンナの理論をより一般化普遍化したものと理解することができる。というのも引用三では「それ（第一者の結果）の存在可能性は、それ自身（その本質）におけるそれ（第一者の結果）による何かであり、第一者が原因のものではない」と語られていたからである。ここで「第一者の結果」と呼ばれていたのは、第一者のすぐ下位の第一知性（体）のことである。

引用二十三によれば、以上のような事物の可能性は、「自身へと流出している存在を保持する」。ここでの「存在」は形相、あるいは知性的光輝と言い換えても良いだろう。そして「このこと（受容・保持）が固有な意味で流入と呼ばれる」。つまり、固有な意味での流入とは、引用二十一冒頭で語られたように「流出を受容可能な何かに注入する」ことであると言うよりもむしろ、事物の可能性が流出を受容・保持することなのである。

そして第二のもの、すなわち、流入がそこから生じるところの事物からさらに流出が生じ、他の事物において再び流入が生じる場合、それは「ただ第一のものの力によってのみである」。このことについてアルベルトゥスは次のような説明を加える。

順序は可能態から

アルベルトゥスによれば以上のような流出流入には次のような順序がある。

引用二十四（引用二十三の続き）

このことからさらに、流出、流入するすべてのものの順序においてより先であるものは後のものへと流出し、後のものは第一のものへ再流出することはなく、後のものは常により先のものに基礎付けられているということは明らかである。そしてもし後のものが〔何かを〕欠いても、第一のものは〔その何かを〕欠かない。しかしもし第一のもの、あるいは何であれ先行するものが〔何かを〕欠くならば、後のすべてのものは必然的に〔その何かを〕欠くのである。第一のものだけが普遍的に流入するが、しかし第二のすべてのものは、第一のものからより離れているのに従ってより少なく普遍的に、より個別的に〔流入する〕ということも明らかである。一方、保持は、諸々の可能性がそれによって限界付けられているところの側面〔可能態〕から、諸々の第二のものが有するのであって、第一のものは有さない。そうではなく第一のものは、いかなる仕方ででも可能態にはないので、いかなる仕方ででも限界付けられない。だからその〔第一のものの〕流出も豊かさのうちに在り、普遍的に在り、何らかの個別的な受容性や流出へと制限されてはいないのである。(26)

この箇所によれば、「流出、流入するすべてのものの順序においてより先であるものは後のものへと流出し、後のものは第一のものへ再流出することはなく、後のものは常により先のものに基礎付けられている」とは一体どのような意味であろうか。この文の意味は、次の「後のものが（何かを）欠くにしても、第一のものは（その何かを）欠かない。しかしもし第一のもの、あるいは何であれ先行するものが（何かを）欠くならば、後のすべてのものは必然的に（その何かを）欠く」という文章が明らかにしているように思われる。このことはさらに次の文章で、次のようにより明快に言い換えられている。すなわち「第一のものだけが普遍的に流入するが、しかし第二のすべてのものは、第一のものからより離れているのに従ってより少なく普遍的に、より個別的に（流入する）」。

なぜこのような相異、順序が生じるのであろうか。引用二十三によれば、「第二のもの」、すなわち、流入がそこから生じるところの事物は「ただ第一のものの力によってのみ」流出流入する。だから、第二のものも、第一のものも、第一のものの力によって流出流入することに変わりはない。それゆえ、上述のような相異、順序は、「第二のもの」の可能性の相異、順序に由来するのでなければならない。

「一方、保持は、諸々の可能性がそれによって限界付けられているところの側面（可能態）から、諸々の第二のものが有するのであって、第一のものは有さない」の「側面」とは、可能態のことであるように思われる。なぜなら次に「そうではなく第一のものは、いかなる仕方ででも可能態にはないので、いかなる仕方ででも限界付けられない」と語られているからである。だから、上述のような第二のものの可能性の相異、順序も、第二のものの有する可能態の相異、順序によるものであるように思われる。

引用十で「（普遍的能動知性は）この仕方で（能動的に）知性認識するかぎりで自分自身によって事物を成り立たせ、その事物に従って自身の知性の光輝が限界付けられる」と語られていたが、ここでの「限界付けられる」とは、上述のような第二のものの可能性、可能態による限界付けのことであるように思われる。

以上のようにアルベルトゥスによれば、流入とは、固有な意味では、諸事物の可能性が、自身へと流出している形相・存在を受容・保持することである。それら可能性の相異、順序は、諸事物の可能態によって限界付けられている。そのことによって諸事物の順序が生み出されているのである。

付論　アルベルトゥス『「原因論」註解』における神名論

第五章の三引用二十三で見た通り、アルベルトゥスによれば、第一のもの（流出の第一源泉、第一原理たる普遍的能動知性）だけでなく、それ以外のもの、すなわち第二のものも流出する。しかしそれはあくまでも第一のものの力によって流出するのであり、第二のものそれ自体は、受容と保持の可能性を有しているだけであった。このような意味でアルベルトゥスによれば、第一のものは或る意味で全能である。

しかしこのような全能は、一神教が伝統的に考えてきた全能とは異なるように思われる。というのも、一神教の神はすべてのものを端的に無から創造すると考えられる。それに対してアルベルトゥスが流出流入論で考える第一のものは、すべてのものを端的に無から生み出すのではない。なぜならこれは諸事物の可能態・可能性を前提とするからである。

アルベルトゥスは彼の『「神名論」註解』で、形相も質料も神に由来するとしている。しかしそれはあくまでも信仰に則してのことである。(1) これと同じように、質料よりももっと広く、諸事物の可能態・可能性すべてが神に由来すると、信仰に則して言うことが仮にできるとしても、そのことと、本書で展開された哲学的見解とはどのように関係し得るであろうか。本章では、この問題の手がかりをつかむために、アルベルトゥス『「原因論」註解』における神名論を検討する。(2)

何も肯定できない

アルベルトゥスは、神について語ることに関して、彼の『「原因論」註解』第一巻第三論考第六章「導入されているすべてのことから、第一のものについては何も真に肯定することはできないということ」で、以下のように述べている。

引用一

第一原理は実体の類のうちにも諸付帯性の類のうちにもないということは「以前に述べられている諸々のこと」においてすでに証明されているけれども、しかし第一のものを指し示すために我々が語ることは何であれ、それが表示している諸々のことを実体の類や諸付帯性の類のうちに有しているので、諸々の名称の意味に即せば第一のものについては何も肯定によって述語付けすることはできないということが成り立つ。なぜなら〔第一のものは〕これらすべてのもの〔表示している諸々のこと〕よりも限度を超えて卓越しているからである。このため〔第一のものは〕いかなる名称によっても定義することができない(3)。

この箇所によれば、「第一原理は実体の類のうちにも諸付帯性の類のうちにもない」。確かに、第五章の三引用二十四で語られた通り、アルベルトゥスによれば「第一のものは、いかなる仕方ででも可能態にはないので、いかなる仕方ででも限界付けられない」。しかしもし第一原理が実体（何か・もの）であれば付帯性（量や質、場所など）ではなく、付帯性であれば実体ではない。また、或る特定の実体や付帯性であれば、他の実体や付帯性ではない。そのような仕方で限界付けられてしまう。だから第一原理は実体や付帯性の類のうちには在り得ない。

ところで、「第一のもの（第一原理）を指し示すために我々が語ることは何であれ、それが表示している諸々のことを実体の類や諸付帯性の類のうちに有している」。確かに、もし第一のものについて語るならば、我々は我々が用いている言葉を用いざるを得ない。しかしそれらの言葉は実体や付帯性の類に属するものを表示している。

だから「諸々の名称の意味に即せば第一のものについては何も肯定によって述語付けすることはできない」。「このため（第一のものは）いかなる名称によっても定義することができない」。肯定的に「～である」と述語付けできないのであれば、それが何であるか定義できないのは当然であろう。「諸々の名称の意味に即せば」と言われているのは、文脈上、実体の類や諸付帯性の類のうちに在るものを名称が表示するのに即せばという意味であるように思われる。

以上の推論に対してこの箇所ではさらに、「なぜなら（第一のものは）これらすべてのものよりも限度を超えて卓越しているからである」という理由付けが加えられている。これは恐らく、「（第一のものは）これらすべてのもの（名称が表示するもの）よりも限度を超えて卓越している」がゆえに「第一原理は実体の類のうちにも諸付帯性の類のうちにもない」という意味で付け加えられているのであろう。

実体・存在者・一・事物である

ところが驚くべきことにアルベルトゥスは、ここまで言っておきながら、それでも第一のものは実体であり、存在者であり、一であり、事物であると語られ得ると主張する。

引用二（引用一の続き）

もし〔第一のものが〕実体であると語られるならばそれは、〔第一のものが〕すべての実体を超えており、実体の特質すべてを超えているということから〔実体と〕語られるのである。(4)

引用一に従えば、第一のものは実体であると語ることはできない。しかしこの箇所では、第一のものは実体を超えているという意味でならば、第一のものは実体であると語られるとされていると思われる。実体を超えているとは、引用一に従えば、実体の限度を超えて卓越しているという意味であろう。

ここで限度とは一体どのようなことなのであろうか。アルベルトゥスは続けて次のように述べる。

引用三（引用二の続き）

同様にもし〔第一のものが〕存在者であると語られるならば、普遍的存在者であるものがそれによって存在者であると呼ばれるところの理解によって〔存在者であると語られているの〕ではない。なぜならこれ〔普遍的存在者〕は存在するもののすべてにおいて制限され限定され、かつ、いかなる存在も自身の外で現実態に即して有してはいないからである。これらのどれも第一原理には適合しない。(5)

この箇所によれば、第一のものが存在者であると語られるのは、普遍的存在者であるという意味においてではない。「なぜならこれ（普遍的存在者）は存在するもののすべてにおいて制限され限定され、かつ、いかなる存在も自身の外で現実態に即して有してはいないからである」。

ここで普遍的存在者とは、普遍概念のことであると思われる。そして普遍概念は必ず制限され限定されている。それは上でも述べた通り、もし何かが或る特定の実体であると語られるならば、それは必ず、他の実体ではないということを意味するからである。

しかも普遍概念は現実態に即した存在を有していない。それは第四章の一引用七で「事物の普遍知は、事物そのものが可能態にしかない状態における事物の知」であると言われている通りである。

では、第一のものが存在者であると語られるのはどのような場合であろうか。それは恐らく、普遍的存在者・普遍概念が有しているような制限・限定を有しておらず、現実態に即して存在を有しているという意味であるように思われる。

引用四（引用三の続き）

同様にもし〔第一のものが〕一であると語られるならば、「事物を、それ自体は分割されておらず他の諸々のものからは分割されているものにするところの一性が一である」のと同じような一なのではない。なぜならこの一性は事物に固有な限界であり、その〔事物の〕存在に属する何かだからである。このことは第一の一には適合しない。同じ仕方でもし一定の存在者、すなわち、事物によって順序付けられていると考えられると語られるものが事物であると語られるならば、このような一定性は事物を成り立たせる諸原理とその〔事物の〕存在の諸々の構成要素とに関係するか、あるいはこのような事物から〔魂が〕抽象によって受け取るところの魂の受け取りと関係する。そしてこのことは第一原理には適合し得ない。(6)

この箇所によれば、第一のものが一であると語られるのは、「それ自体は分割されておらず他の諸々のものからは分割されている」というような意味においてではない。また、第一のものが事物であると語られるのは、「順序付けられている」というような意味でもない。

では、第一のものが一であり、事物であると語られるのはどのような意味であろうか。それは恐らく、いかなる分割もされておらず、いかなる順序付けもされていないという意味でであろう。

範型因としての神

では、以上のような極めて特殊な意味で、第一のものについて「実体である」「存在者である」「一である」「事物である」などと語っても良いのであろうか。むしろ「実体ではない」「存在者ではない」「一ではない」「事物ではない」と語るべきなのではないだろうか。

この疑問に対してアルベルトゥスは、範型因という意味でなら語っても良いと答える。

引用五（引用四の続き）

しかし以上のこと〔実体、存在者、一、事物〕がそれ〔第一のもの〕について語られ肯定によって述語付けられるのは、それら〔実体、存在者、一、事物〕が原因、範型という仕方でまず第一にそれ〔第一のもの〕のうちに在るからでなければならない。ただ実体のみが実体の原因たり得、ただ知恵のみが知恵の範型因たり得、善性のみが善性の範型因たり得るのである。これらのようなものは、第一原理に述語付けられる場合、我々の理解へとそれによって落ちて来るところの名称に即せばそれ〔第一のもの〕について語られないけれども、しかし事物そのものの自然本性に即せば、諸々の原因を有するもの〔結果〕においてよりもより先にそれ〔第一のもの〕のうちに、より大いなる完全性によって比類なくより完全に在る。なぜなら原因を有するもの〔結果〕は原因を模倣するが、その〔原因の〕完全性を獲得しはしないからである(7)。

この箇所では次のように考えられていると思われる。すなわち、第一のものについて、実体である、存在者である、一である、知恵である、善であるなどと肯定的に述語付けられるのは、第一のものがこれらのものの範型因という意味でである。実体だけが実体の範型因たり得、存在者だけが存在者の範型因たり得、以下同様である。なぜなら事物の自然本性に即せば、範型たる第一のものこそより完全に実体であり、存在者であり、以下同様だからである。

引用六〔引用五の続き〕

このためこれらのこと〔実体、存在者、一、事物、知恵、善性〕が第一のものと諸々の第二のものとに述語付けられる場合、述語付けは同名同義的ではない。というのも、原因を有するもの〔結果〕が原因を模倣するため、原因を有するもの〔結果〕がそこにおいて原因を模倣するところの形相の名称が原因にも原因を有するもの〔結果〕にも述語付けられる。その一方で、原因を有するもの〔結果〕は原因の完全性に到達しないため、事物の完全な特質に到達しないということが必然的に帰結する。このことから、原因と原因を有するもの〔結果〕とに一つの意味で述語付けはなされないということが生じるのである。しかし〔名称が〕原因を有するもの〔結果〕について、それによって述語付けされるところの意味においては〔名称は〕原因において否定され、原因について、それによって述語付けされるところの意味においては、原因を有するもの〔結果〕について否定される。(8)

この箇所によれば、第一のものと諸々の第二のもの、すなわち第一のもの以外のものとが、「実体である」「存在者である」などと述語付けられても、それらの意味は同じではない。これは、今まで引用された諸箇所によれば、次のような事態であると思われる。すなわち、第一のものが「実体である」「存在者である」などと語られるのは、それらの限度を超えており、それらの範型因であり、それらよりもより完全にそれらであるという意味でである。それに対してその他のものが「実体である」「存在者である」などと語られるのは、あくまでも我々が理解している限りの意味でなのである。

神の伝達不可能性

このような我々の理解の限界についてアルベルトゥスは彼の『「原因論」註解』第二巻第四論考第七章「第一原因はあらゆる名称を超えているということ」で以下のように述べる。

引用七

前に導入したすべてのことから、〈第一原因は、それによって〔第一原因が〕名付けられる〉、あるいは名付けられ得る〈ところのあらゆる名称を超えている〉ということが明らかにされる。それは以下のとおりである。すなわち、第一原因が我々にそれによって名付けられるところのあらゆる名称が第一原因を名付けるのはただ、〔第一原因が〕我々に知られるのに即してのみである。ところで〔第一原因は我々に〕それ〔第一原因〕の下に在るものによって知られる。なぜならそれ〔第一原因〕はそれ自身に即せば伝達不可能だからである。また〔第一原因が〕我々に知られるのはただ、それ〔第一原因〕に由来する第二のものによってのみである。しかし〔第一原因は〕第二のものにおいては十分には明らかにされない。なぜなら第二のものとそれ〔第一原因〕との間には両者をつなぐ中間者が存在しないからである。というのもそれ〔第一原因〕は自身において、諸々の第二のものが有するすべての豊かさを超えて豊かだからである。〔第一原因は〕〈自身によって豊かである〉。第二のもののどれもそれ〔第一原因〕をその偉大さと豊かさに即して知覚することはない。(9)

この箇所によれば、第一原因（今までの「第一のもの」と同じ）はそれ自身に即せば伝達不可能である。これは、第五章の三引用二十で、第一源泉（第一原因と同じ）は自身の伝達可能性によって流出を生じさせると語られていたことと矛盾するようにも見える。しかしそうではない。なぜなら第一源泉の自己伝達可能性はあくまでも可能性であり、第五章の三引用二十一以下によればそれは、流出を受容・保持する可能性・可能態が在って初めて実現する。しかし第一源泉自身にはそのような可能性・可能態は全くない。だから、第一源泉は、それ自身に即せば伝達不可能と言われても差し支えないのである。

だから引用七によれば、第一原因がその他のものに知られるのは、第一原因に由来する第二のもの、すなわちその他のものによる他はない。しかし第一原因はその他のものにおいて十分明らかにされない。なぜなら引用五、六で明らかにされた通り、第一のものはその他のものよりもより完全であり、他のものは第一のものほど完全ではないからである。それゆえ、我々にかぎらず、第一原因がその他のものに知られるのは不完全な仕方でしかないのである。

このような不完全性のことをアルベルトゥスは「減少している diminutum」と表現する。

引用八（引用七の続き）

だから、第一原因について知覚されることは何であれ、第二のものの能力に即して知覚されるのであって、第一のものの能力に即してではないので、次のことが成り立つ。すなわち、第一原因がそれによって知覚されるところの第二のものはすべて、それ〔第一原因〕から減少している。ところで何かから減少しているものは、そこから減少しているところのものを完全に名付けることはない。それゆえ諸々の第二のもののうちの何かが第一原因を完全に名付けるのはただ、否定と卓越に即してのみである。たとえば〔第一原因が〕実体と名付けられるとしても、実体であると語られるのは〔実体が〕我々に知られるのに即してではない。そうではなく、我々に知られるあらゆる実体を無限に超えているということに即して実体であると語られるのである。なぜなら第一実体のうちには減少しているものは何もないからである。したがって実体という概念も我々のうちに在るのに即せば減少しているのであり、我々においてその表示の働きを完全には生み出さない。このためこのような名称によっても〔第一原因は〕我々には完全には知られない。なぜなら実体という名称によっては〔第一原因の〕何であるかは我々には知られないからである。そうではなくむしろ「実体である何らかの無限の海原」が知られるのである。その限界を我々はいかなる仕方によっても見たり、見回したりしない。なぜなら〔第一原因は〕創造された、原因を有するすべてのもの〔結果〕を無限に超えているからである。というのも或る諸々の名称〔完全な名称〕は、我々にとって完全なその表示の働きを生み出すがゆえに、我々にとって完全な表示を有しているけれども、しかし第一原因は、原因を有するすべてのもの〔結果〕のうちのあらゆる完全なものを超えており、我々にとって完全なものもすべて第一原因には足りないので、〔第一原因は〕減少しているもの〔名称〕によっても、我々にとって完全なもの〔名称〕によっても表示されないのである。このためイスラエルの王ダビデは「あなたの知は私からすれば驚くべきものとなっており、強く、わたしがそこまで至ることはできないだろう」と語っているのである。(10)

この箇所によれば、「第一実体のうちには減少しているものは何もない」のに対し、第一原因以外のものはすべて第一原因から減少している。だから第一原因以外のものは第一原因を完全に名付けることができない。それが「第一原因を完全に名付けるのはただ、否定と卓越に即してのみである」。たとえば、第一原因が「実体である」と名付けられる場合、「我々に知られるあらゆる実体を無限に超えている」という意味であれば、完全に名付けられている。

名称と事物の区別

ここでアルベルトゥスは名称自体と名称が指示する事物とを区別して考える。

引用九（引用八の続き）

しかしここで以下のことに注意しなければならない。すなわち、名称によって指し示された事物は第一原因により先に適合する。ただし名称〔自体〕は〔第一原因に〕より後に適合する。なぜなら〔第一原因が〕実体と言われる場合、それ〔第一原因〕はより先に、自身において自存している実体であり、すべてのものを自存させるものである。生命と言われる場合も同様である。すなわち、自身によって生命であり、あらゆる生命の原理であり、自身によって生命の源泉である。諸々の第二のもののうちの何もこのような仕方で生命を分有しない。〔第一原因が〕知性体と言われる場合も同様である。すなわち、〔この〕知性体は自身によってあらゆる知性的光輝の源泉である。諸々の第二のものの何も第一のものによってでなければ、実体や生命や知性の特質において第一のもの〔原因〕といかなる比例もまったく有さず、実体や生命や知性ではない。それに対して〔第一原因は〕これら〔第二のもの〕のどれをも無限に超えているのである。(11)

この箇所では、名称によって指示された事物と名称自体とが区別されている。そして前者は第一原因により先に適合する。すなわち、前者に即して言えば第一原因はより先に実体であり、生命であり、知性体である。しかし、名称に即して言えば、実体、生命、知性体などは第一原因により後に適合する。

それは一体なぜなのであろうか。アルベルトゥスは次のように、名称を二種類に区別する。

引用十（引用九の続き）

このため〔第一原因は〕〈あらゆる名称を超えている〉。それは、減少しているもの〔名称〕であれ、完全なもの〔名称〕であれそうである。その理由は以下の通りである。すなわち、減少しているもの〔名称〕はその表示の〔それが表示する〕減少した働きを我々の知性のうちに生み出す。それはたとえば運動、時間、質料といった名称である。これら〔運動、時間、質料といった名称〕は、これらによって名付けられるもの〔運動、時間、質料そのもの〕の不完全性のゆえに、完全な名称によって名付けることはできない。このためこれら〔運動、時間、質料といった名称〕を一つの名称で名付けるのは不可能である。実際、運動は現実態を指示しているのでも、不完全なもの、すなわち可能態を指し示しているのでもない。そうではなく「可能態のうちに在る現実態」を指し示しているのである。時間や質料についても同様に語られる。すなわち、過去の時間は存在しない。未来は未来のうちにまだ存在しない。今において理解されるものは時間の存在を有しておらず、〔時間としては〕不完全な実体を有している。これ〔今において理解されるもの〕が時間の存在を受け取るのはただ過去から現在を通って未来へと行く流れにおいてのみである。この流出は非存在へと消え去るものから始まり、まだないものへと終わる。このため〔時間が〕有するのはただ欠けており減少している理解だけであり、〔このような〕理解が時間という名称で表示される。このためこの〔時間の〕理解と名称は不完全である。(12)

この箇所によれば、名称には大きく分けて二種類在る。一つは減少している名称、もう一つは完全な名称である。減少している名称は、それが表示する減少した働きを生み出す。これは一体どういう意味であろうか。減少している名称が表示する対象は、運動、時間、質料など、不完全性、すなわち可能態を有しているものである。だから、これらのようなものの理解も名称も不完全であり、減少している。すなわち、不完全性・可能態をも表示している。表示の減少した働きとは、このような表示のことであると思われる。

完全な名称

これに対して完全な名称は完全性、すなわち完全な現実態を表示する。

引用十一〔引用十の続き〕

それに対して我々にとって完全な名称は、我々に即せば完全な現実態の名称である。それはたとえば実体、生命、知性認識、〔知性的〕光輝、その他同様のものである。しかしこれらのものは、〔これらのものが〕第一のもののうちにそれによって在るところの完全性に即しては我々には知られない。そうではなくむしろ我々のまわりに在り、我々の知性に比例している諸々の第二のものをそれによって名付けるところの仕方に即して〔我々に知られる〕。原因を有するすべてのもの〔結果〕よりもより卓越している第一のものはこれら〔諸々の第二のもの〕すべてを超えている。このため〔第一のものは〕減少している名称によっても完全な名称によっても十分に名付けられることはない。というのも、減少しているもの〔名称〕はその表示が有する減少した働きを我々のうちに生み出す。完全なもの〔名称〕は第二のものを我々に完全に表示するが、第一のものの卓越性を、〔それが〕それ〔第一のもの〕のうちに在るのに即して我々に表わしはしない。このため〔名称が表示する〕事物は第一のもののうちに在るが、しかし名称は〔第一のものが〕我々に知られるのに即して〔第一のものに〕より後に適合する。(13)

この箇所によれば、実体、生命、知性、〔知性的〕光輝などの完全な名称は確かに、引用十で挙げられた運動、すなわち、可能態のうちに在る現実態のような不完全な現実態ではなく、完全な現実態の名称である。しかしその完全性はあくまでも我々にとって、我々に知られるのに即せばの話である。なぜなら「これらのものは、（これらのものが）第一のもののうちにそれによって在るところの完全性に即しては我々には知られない」からである。

このことの意味するところをより良く示しているのは、引用八で語られていたことであるように思われる。すなわち、「実体という概念も我々のうちに在るのに即せば減少しているのであり、我々においてその表示の働きを完全には生み出さない。このためこのような名称によっても〔第一原因は〕我々には完全には知られない」。

つまり、確かに実体などの完全な名称は、完全な現実態の名称である。しかし、そこで表示されている完全な現実態はあくまでも我々に知られるかぎりでの完全な現実態である。だから、たとえ完全な名称が完全な現実態しか表示しないとしても、我々が知っている完全な現実態がそもそも減少している、つまり不完全なのである。それゆえ、いくら完全な名称であり、減少している名称でないとしても、それが表示している完全な現実態自体が減少している、つまり不完全なのである。

とはいえ完全な名称は本来、完全な現実態を表示する名称である。だから、我々の知の限界を抜きに考えれば、つまり事物の自然本性に即せば、それが本来表示すべきものは、文字通り減少のない完全な現実態、すなわち第一原因なのである。

引用九の冒頭の「名称によって指し示された事物は第一原因により先に適合する。ただし名称（自体）は（第一原因に）より後に適合する」も同様に理解されるべきであるように思われる。すなわち、名称によって指示されるべき完全な現実態自体は、第一原因により先に適合する。しかし、完全な現実態を我々に知られるかぎりでしか表示しない名称は、第一原因により後に適合するのである。

すべての事物にとっての善

完全な名称が本来表示すべきものについてアルベルトゥスは次のように述べる。

引用十二（引用十一の続き）

ところでこのような〔完全な名称の〕仕方で名付けることができるのはどのような名称によってかともし問われるならば、或る賢人たちが我々以前にすでに、あらゆる名称によって名付けるということを以下のように規定した。すなわち、存在はすべての事物にとって非存在よりもより善い。実際、実体であるということはすべての事物にとって〔実体で〕ないということよりもより善く、生命であるということ、知性であるということ、善であるということ、力であるということも〔すべてのものにとって、生命や知性や善や力で〕ないということよりもより善い。それに対して金であるということはすべての事物にとって〔金で〕ないということより善いわけではない。あるいは高価な石であるということは〔高価な石で〕ないということより〔すべての事物にとってより善いというわけではない〕。実際、金であるということや高価な石であるということは人間の心臓や動物の目にとって〔金や高価な石で〕ないということより善いわけではない。というのもすべてのものにとってそれであるということが善いところのものは、純粋現実態であり、高貴な何かであり、同様に高価なものであり、すべてのものにとって欲求対象である。それに対して、それであるということが或るものにとってはより善いことであるが或るものにとってはより善いわけではないところのもの、たとえば金であるということは鉛にとってなら〔金で〕ないということよりもより善いだろうが、そのようなものはすべてのものにとって欲求対象ではない。だから神的名称によっても〔第一のものを完全に〕名付けることはできない。なぜなら少し後で明らかにされるであろうことに即せば、「神的なものとはすべてのものにとって欲求対象であるもののこと」だからである。(14)

この箇所によれば、すべての事物にとって、そうでないよりもより善い、すなわちより欲求対象であるものは完全な名称が表示するものである。それは何よりもまず存在である。すべての事物にとって、非存在（無い）よりも存在（在る）の方がより善く、欲求されることだからである。

そしてさらにここでは、存在の別名として、実体、生命、知性、善、力が挙げられている。すべての事物にとって、実体でないよりも実体である方がより善い。生命でないよりも生命である方がより善い。知性でないよりも知性である方がより善い。力でないよりも力である方がより善い。

それに対して、すべての事物にとって、金であることや、高価な石であることは、金でないこと、高価な石でないことよりもより善いわけではない。なぜならこれらのことは、鉛にとってはより善いことかもしれないが、動物や人間の身体の一部よりもより善いわけではないからである。というのは、鉛は金や高価な石よりもより卑俗な無機物であるが、動物や人間の身体の一部は無機物よりもより善い有機物だからであるように思われる。だから、第一原因に名付けられ得るのは、存在やその別名などのようにすべての事物にとって、そうでないよりもより善いものの名称なのである。

無からの創造という信仰

以上の通り、完全な現実態を表示する完全な名称が神について語られるのは、神がそれら名称の表示するものの範型因であり、それらよりもより完全だからである。それゆえこの名称が表示する事物の自然本性に則せば、この名称は神により先に適合する。しかし名称の表示自体に則せば、神により後に適合する。なぜならこの名称が神自身を直接表示することは不可能だからである。

アルベルトゥスによれば、「現実態」という名称も完全な現実態を表示する名称の一つであると思われる。だから何らかの意味で「神は現実態である」と語ることはできるであろう。しかしそれは、神は現実態という名称が表示するものの範型因であるという意味においてであって、実際に神がどういう現実態なのかわれわれには分からない。

ところで、我々が知っている現実態は可能態を生まない。しかしだからといって神という現実態が可能態を生み出さないとは限らない。なぜなら「可能態を生まないもの」は完全な名称ではないはずだからである。それゆえ神は可能態をも生み出す、ひいては、すべてを端的に無から創造すると信じることが可能となるのであろう。このような信仰は知性単一説を論駁するためにも必須のものであった。というのも、拙著『アルベルトゥス・マグヌスの感覚論――自然学の基礎づけとしての』付論「生命論」五「理性的魂の創造」で述べた通り、アルベルトゥスによれば人間の理性的魂は無から創造されなければならない。そしてこの理性的魂こそ、一人一人に備わっている知性を担うものなのである。無からの創造を認めることができるかできないかが、知性単一説をめぐるアルベルトゥスとアヴェロエスの決定的な相異であった。

結び

アヴィセンナ宇宙論によれば、第一知性の存在可能性だけが第一者（神）の存在必然性を受容する。この考えに対するアヴェロエスによる批判から出発してアルベルトゥスは、アリストテレスの可能態概念を拡張しつつ、すべての存在者が自身の可能態で神の純一なる現実態を受容すると考え、彼独自の形而上学たる流出流入論を打ち立てる。

またアヴィセンナ宇宙論では、どうして第一知性から第二知性、第三知性と諸知性が伴い、また各知性から天体の魂や天体が伴うか明らかではない。これに対してアルベルトゥスは、天体の魂は純粋知性であるとするアヴェロエスの立場に立ちつつ、それをさらに発展させ、神（普遍的第一能動知性、第一知性）からどのようにして諸知性体（普遍的能動知性）、天体の魂、天体、月下の諸物体といった仕方で宇宙全体が成立していくかを首尾よく説明する。

さらにアヴィセンナは、アリストテレスの立場に立ちつつも、神は全知であると考えたが、その考えはガザーリーに批判された。アルベルトゥスは、ガザーリーによる批判を踏まえたアヴェロエスの立場に立ちつつ神の全知を説明する。

確かにアルベルトゥスはガザーリー『哲学者の矛盾』やアヴェロエス『矛盾の矛盾』を直接は知らなかったと

思われる。しかしそれらでなされた議論の内容を、アヴェロエス『「形而上学」ラムダ巻大註解』を通して、またアヴィセンナ『治癒の書』についての知識を踏まえて理解していたと思われる。そしてこれらの議論を出発点として、彼に独自な形而上学たる流出流入論を打ち立て、アリストテレスが考える神が同時に全知全能の神でもあると解釈する道を開き、知性単一説論駁にも基礎を与えたように思われるのである。

あとがき

アルベルトゥスによれば、拙著『アルベルトゥス・マグヌスの感覚論――自然学の基礎づけとしての』で詳しく述べた通り、人間を含め或る種の動物たちが有している共通感覚能力は、すべての感覚対象をあらかじめ可能的に有しており、それが外部から限定されることによって、人間の魂のうちに様々な感覚対象が生じる。これと同じように、拙著『アルベルトゥス・マグヌスの人間知性論――知性単一説をめぐって』で詳しく述べた通り、能動知性の知性性、すなわち超時間空間的純一性が、表象像に限定されることによって、人間の可能知性のうちに様々な知性認識対象が生じる。いわゆる「限定理論」が語るこのようなプロセスを通して人間一人一人の知性は、感覚認識を起源として、自然学始めすべての学問的真理を認識することができ、同時に、一人一人の身体によって或る意味で「個別化」されるのである（知性単一説論駁）。

アルベルトゥスが以上のような考えを持つことが可能であったのは、本書の結びで述べた通り、彼が自身の流出流入論において、人間の魂や天の魂のみならず、すべての存在者が自身の可能態によって、神の純一なる現実態を限定しつつ受容すると考え得たからである。この流出流入論は、単なる新プラトン主義でもなければ、単なるアリストテレス主義でもない。それは明らかに、アラビア哲学において新プラトン主義的に解釈されたアリストテレス主義に源を有するものである。しかしアルベルトゥスは、アヴェロエスによるアヴィセンナ批判から出発しながら、彼らにはない或る種の体系化に成功した。そのようなアルベルトゥスであったからこそ、アヴェロエスの知性単一説を論駁し、後の西洋に絶大な影響を与え得たのである。

それのみならず、アルベルトゥスの流出流入論は、新プラトン主義を用いることに端を発する一神教哲学の或る種の完成形態であるとさえ言えるかもしれない。ただし、このことを明らかにするためには、アルベルトゥスの流出流入論と、純粋新プラトン主義とを比較する必要があるように思われる。すなわち、『原因論』は、プロクロスによる純粋新プラトン主義著作『神学綱要』の翻案であるので、それとアルベルトゥス『「原因論」註解』全体とを比較することによって、一神教哲学という観点から、両者の完全性を比較するのである。これは今後の課題としたい。

さらに、思想史上の意義ということで言えば、流出流入論の萌芽がアルベルトゥス『「神名論」註解』の中にすでに見られるように思われる。この著作は、当時アルベルトゥスの下で学んでいたトマス・アクィナスに大きな影響を与えたと思われる。両者の哲学、神学の比較や影響関係を知る上で、この著作の検討も重要である。この課題も他日を期したい。

なお本書は以下の論文を加筆・訂正することによって成立した。

序　書き下ろし

第一章　「アヴィセンナ『治癒の書』における宇宙の発出について」（『紀要哲学』中央大学文学部、第六四号、二〇二二年、一―一八頁（部分））

第二章　書き下ろし

第三章　「アヴェロエス『矛盾の矛盾』における天体の動者について」（『中世思想研究』中世哲学会、第六四号、二〇二二年、四一―五四頁）

第四章　「アルベルトゥス宇宙論におけるアヴェロエス受容」（『カルチュール』（明治学院大学教養教育センター、第一七巻第一号、二〇二三年、二五—四一頁、

第五章

一　「アヴィセンナ『治癒の書』における宇宙の発出について」（『紀要哲学』中央大学文学部、第六四号、二〇二二年、一—一八頁（部分））

二　「アルベルトゥス・マグヌス『「原因論」註解』における宇宙論」（『紀要哲学』中央大学文学部、第六五号、二〇二三年、一—二五頁）

付論　「アルベルトゥス・マグヌス『「原因論」註解』における神名論」（『中世哲学研究VERITAS』京大中世哲学研究会、第四一号、二〇二二年、三九—五五頁）

結び　書き下ろし

最後に。宮島舜氏（日本学術振興会特別研究員PD・早稲田大学）は、本書で用いた私のアラビア語和訳に大変有益なアドヴァイスを下さった。この場で心よりお礼を申し上げたい。また、この度も私の研究書を世に送り出して下さった小山光夫社長はじめ知泉書館のみなさまに、言い尽くせない感謝をここに表明したい。

二〇二三年八月

小　林　剛

小林　剛（こばやし・ごう）

1967年生まれ。京都大学大学院文学研究科博士課程修了。博士（文学）。現在首都圏の様々な大学で西洋思想関係の講義を担当。
〔主要著作〕『旧約聖書に見るあがないの物語』（オリエンス宗教研究所，2021年），『アルベルトゥス・マグヌスの人間知性論——知性単一説をめぐって』（知泉書館，2016年），『アリストテレス知性論の系譜—ギリシア・ローマ，イスラーム世界から西欧へ』（梓出版社，2014年），『アルベルトゥス・マグヌスの感覚論——自然学の基礎づけとしての』（知泉書館，2010年），E. グラント『中世における科学の基礎づけ——その宗教的，制度的，知的背景』（訳書，知泉書館，2007年）他。

〔アラビア哲学からアルベルトゥス・マグヌスへ〕　ISBN978-4-86285-417-9

2024年10月 5日　第1刷印刷
2024年10月10日　第1刷発行

著　者　小　林　　剛
発行者　小　山　光　夫
印刷者　藤　原　愛　子

発行所　〒113-0033 東京都文京区本郷1-13-2
電話03（3814）6161 振替00120-6-117170
http://www.chisen.co.jp
株式会社　知泉書館

Printed in Japan　印刷・製本／藤原印刷

索　引

ア　行

カ　行

サ　行

タ　行

ナ～ラ　行

From Arabic Philosophy to Albertus Magnus:

A Development of Monotheistic Cosmology

by

Go KOBAYASHI

Tokyo

Cisenshokan

2024

Summary

Albertus Magnus describes the big picture of his own mature cosmology in his *De causis et processu universitatis a prima causa*, Book 1, Tractate 4, Chapter 8. This cosmology is very similar to Avicenna's in his Metaphysics of *The Book of Healing*, Book 9, Chapter 4. Both cosmologies have in common that they interpret Aristotelian cosmology by Neoplatonism. However, Albertus proposes his cosmology as the specific content of his unique metaphysics, which he explicates in detail in his *De causis*, Book 1, Tractate 4, Chapter 1-7. This metaphysics is what should be called the "flux-influx theory." This theory cannot derive directly from Avicenna's cosmology. The reason is as follows: On the one hand, according to the theory, a variety of potentialities receives a flux of the pure actuality of God in various ways, which the influx means. On the other hand, according to Avicenna's cosmology, only the possible being of the first intellect receives emanation of the necessary being of God, because "from the one, only one proceeds," as Avicenna says. Averroes criticizes this view of Avicenna. According to Averroes in his *Long Commentary on Aristotle's Metaphysics*, Chapter 44, God can cause not only the first intellect but also various kinds of intellect that understand varying degrees of similarity to God. In theory, Albertus virtually expands Averroes' criticism of Avicenna and regards God as the cause of everything that receives God's actuality through its own potentiality. In this way, Albertus seems to reconstruct Avicenna's cosmology influenced by Averroes. This is what I have claimed in this book.

More specifically, in Avicenna's cosmology, it is unclear how after the first intellect, the second intellect proceeds, after the second intellect, the third intellect proceeds, and so on. It is true that this emanation can be interpreted as an understanding of varying degrees of similarity to God by various kinds of intellect according to Averroes' criticism. Nevertheless, in Avicenna's cosmology,

it is still unclear how after intellect, the soul of the heavenly body and the body itself also proceed. Averroes criticizes Avicenna on the soul of the heavenly body in the passages concerning al-Ghazālī's *The Incoherence of the Philosophers*, Part 1, Question 16, in Averroes' *The Incoherence of the Incoherence*, and in his *Long Commentary on Aristotle's Metaphysics*, Chapter 36. In his metaphysics in *The Book of Healing*, Book 9, Chapter 2, Avicenna considers the soul of the heavenly body as different from the intellect. On the contrary, Averroes considers the soul of the body to be the same substance as the intellect. Albertus adopted this position of Averroes in cosmology. Furthermore, Albertus goes beyond Averroes and considers in cosmology that intellect (ultimately God) gives the heavenly body substance and generates sublunar bodies by moving the body, especially through light. This is how Albertus explains God's omnipotence better than Avicenna.

In addition, according to Avicenna in his metaphysics in *The Book of Healing*, Book 8, Chapter 6, God understands everything only generally, not individually. In this case, God does not know any individual. Averroes criticizes Avicenna on God's understanding in the passages concerning al-Ghazālī's *The Incoherence of the Philosophers*, Part 1, Question 3, in Averroes' *The Incoherence of the Incoherence*, and in his *Long Commentary on Aristotle's Metaphysics*, Chapter 51. According to Averroes, God is the realization of everything. Thus, God understands everything by only understanding itself. This way of understanding is neither general nor individual because both presuppose the division of individuals, but God's understanding does not because God is the cause of everything. In the passages concerning al-Ghazālī's *The Incoherence of the Philosophers*, Part 1, Question 16, in Averroes' *The Incoherence of the Incoherence*, Averroes depicts God's understanding as universal and, at the same time, individual, in a sense. Albertus adopted Averroes on God's understanding and explains God's omniscience better than Avicenna.

注

序

1) アラビア哲学者については次を参照。Peter Adamson and Richard C. Taylor (eds), *The Cambridge Companion to Arabic Philosophy*, Cambridge, Cambridge University Press, 2005.

2) アルベルトゥス・マグヌスの生涯については拙著『アルベルトゥス・マグヌスの感覚論―自然学の基礎づけとしての―』（知泉書館，2010 年），序論四参照。

3) *De causis et processu universitatis a prima causa.*

4) アヴィセンナ，アヴェロエスとアルベルトゥスとの関係については以下を参照。Amos Bertolacci, "'Averroes ubique Avicennam persequitur': Albert the Great's Approach to the Physics of the Šifā' in the Light of Averroes' Criticisms", in *The Arabic, Hebrew and Latin Reception of Avicenna's Physics and Cosmology*, ed. D. N. Hasse, A. Bertolacci, Berlin, De Gruyter, 2018, pp. 397-431; "Avicenna's and Averroes' Interpretations and Their Influence in Albert the Great", in *A Companion to the Latin Medieval Commentaries on Aristotle's Metaphysics*, ed. F. Amerini, G. Galluzzo, Leiden, Brill, 2014, pp. 95-135.

5) 小林剛『アルベルトゥス・マグヌスの人間知性論――知性単一説をめぐって―』（知泉書館，2016 年），４ページ。

6) 本書でこの問題を扱う際，アルベルトゥスがアヴィセンナやアヴェロエスの著作のどのラテン語訳を参照したか定かではないので，アヴィセンナやアヴェロエスの考えについては，彼らの著作のアラビア語原文の校訂版だけを問題にすることとする。

7) アヴェロエスにおける天体の魂に関する詳細な議論については次を参照。David Twetten, "Averroes' Prime Mover Argument", in *Averroès et les averroïsmes juif et latin,* ed. J.-B. Brenet, *Textes et Études du Moyen Âge,* vol. 40, Turnhout, Belgium, Brepols, 2007, pp. 9-75.

8) Isabelle Moulin and David Twetten, "Causality and Emanation in Albert", in *A Companion to Albert the Great: Theology, Philosophy, and the Sciences,* ed. Irven M. Resnick, Leiden/ Boston, Brill, 2013, pp.694-721, "B. Albert on Causality within the Material Order: Induction versus Eduction", pp.713-721.

9) *induction*, according to which a *dator formarum* introduces the form into the matter to produce the compound thing; "Causality and Emanation in Albert", p.713.

10） *eduction*, according to which an efficient cause in act acts upon a thing that already possesses potentially within itself the form. "Causality and Emanation in Albert", p.713.

11） The main difficulty involved in grasping Albert's theory of eduction stems from the fact that Albert sometimes criticizes what he seems to accept as his own view elsewhere: he strongly criticizes theories of induction though he adopts much of their language in the late metaphysical paraphrases, "Causality and Emanation in Albert", p.713.

12） Albert consistently prefers the way of Aristotle and Averroes as less contrary to the faith and more probable than Plato's or Avicenna's. "Causality and Emanation in Albert", p.716.

13） A pure induction theorist must say either that the form is the same in the proximate cause and effect, or that the form is created wholly anew in each material thing, with nothing presupposed. ……In eduction theory, then, the form is, as Albert puts it, "not the incorporated light source (*lux*) of the first cause, but its similitude that is caused by it. "Causality and Emanation in Albert", pp.716-717.

14） One might imagine that an eduction theorist must consequently reject all elements of an induction theory; in other words, for example, that the horizontal causal series excludes anything of a vertical series. In commenting on the *Divine Names*, Albert proceeds to clarify expressly that such is not the intended result of Aristotle's opposition (in *Nicomachean Ethics* 1.4) to Plato, "Causality and Emanation in Albert", p.717.

15） The key to Albert's affirmation of exemplar causality as opposed to mere induction theory appears to be that the forms effected in matter are not in the same species or genus with the original exemplar. We make a mistake when, with our abstractive intelligence, we draw from particulars our generic and specific notions and then ascribe them as such to the exemplar cause. "Causality and Emanation in Albert", pp.717-718.

16） Albert's eduction theory is not only consistent with the metaphysical flow of forms, it represents the ultimate explanation of how substantial form flows to each individual thing in the terrestrial order. "Causality and Emanation in Albert", p.719.

17） There is, then, continuity within Albert's conception of causality: the horizontal continuity between substantial forms educed from matter within terrestrial substances reflects the continuity and unity of the forms that flow vertically from superior causes and ultimately from the first. "Causality and Emanation in Albert", p.721.

第一章　アリストテレス『形而上学』第十二巻第七、九章における神

1） Aristotle, *Aristotle's Metaphysics*, ed. W.D. Ross, Oxford, Clarendon Press, 1924, Λ, c.9, 1074b15.

2） *Aristotle's Metaphysics*, c.7, 1072b25; 28-30.

3） *Aristotle's Metaphysics*, c.9, 1074b33-34.

4） αὑτὸν ἄρα νοεῖ, εἴπερ ἐστὶ τὸ κράτιστον, καὶ ἔστιν ἡ νόησις νοήσεως νόησις. *Aristotle's Metaphysics*, c.9, 1074b33-35.

5) *Aristotle's Metaphysics*, c.9, 1074b15-33.
6) εἴτε νοεῖ, τούτου δ᾽ ἄλλο κύριον, οὐ γάρ ἐστι τοῦτο ὅ ἐστιν αὐτοῦ ἡ οὐσία νόησις, ἀλλὰ δύναμις, οὐκ ἂν ἡ ἀρίστη οὐσία εἴη◎ διὰ γὰρ τοῦ νοεῖν τὸ τί μιον αὐτῷ ὑπάρχει. *Aristotle's Metaphysics*, c.9, 1074b18-21.
7) ἐπεὶ δὲ τὸ κινούμενον καὶ κινοῦν [καὶ] μέσον, †τοίνυν† ἔστι τι ὃ οὐ κινούμενον κινεῖ, ἀΐδιον καὶ οὐσία καὶ ἐνέργεια οὖσα. κινεῖ δὲ ὧδε τὸ ὀρεκτὸν καὶ τὸ νοητόν◎ κινεῖ οὐ κινούμενα. τούτων τὰ πρῶτα τὰ αὐτά. ἐπιθυμητὸν μὲν γὰρ τὸ φαινόμενον καλόν, βουλητὸν δὲ πρῶτον τὸ ὂν καλόν◎ ὀρεγόμεθα δὲ διότι δοκεῖ μᾶλλον ἢ δοκεῖ διότι ὀρεγόμεθα◎ ἀρχὴ γὰρ ἡ νόησις. νοῦς δὲ ὑπὸ τοῦ νοητοῦ κινεῖται, νοητὴ δὲ ἡ ἑτέρα συστοιχία καθ᾽ αὑτήν◎ καὶ ταύτης ἡ οὐσία πρώτη, καὶ ταύτης ἡ ἁπλῆ καὶ κατ᾽ ἐνέργειαν *Aristotle's Metaphysics*, c.7, 1072a24-32.
8) アリストテレス『自然学』第7巻第1章，第8巻第5章参照。
9) *Aristotle's Metaphysics*, c.7, 1072b28-30.

第二章　アヴェロエス『矛盾の矛盾』における神認識

1) Al-Ghazālī, *The incoherence of the philosophers*, ed. Michael E. Marmura, Probo, Utah, Brigham Young University Press, 2000, p.70, (55), ll.7 -8.
فان قيل الاول لا يعقل الا ذاته وعقله ذاته هو عين ذاته فالعقل والعاقل والمعقول واحد ولا يعقل غيره
2) *The incoherence of the philosophers*, p.70, (57), l.15- p.71,(58), l.1.
فيكون المعلول أشرف من العلّة من حيث انّ العلة ما فاض منها الا واحد، وقد فاض من هذا ثلاثة أُمور,
والاوّل ما عقل الا نفسه وهذا عقل نفسه ونفس المبدأ ونفس المعلولات. ومن قنع ان يكون قوله فى الله راجعا الى هذه الرتبة، فقد جعله احقر من كلّ موجود يعقل نفسه ويعقله. فانّ ما يعقله ويعقل نفسه أشرف منه اذا كان هو لا يعقل الا نفسه. فقد انتهى منهم التعمق فى التعظيم الى ان أبطلوا كلّ ما يفهم من العظمة، و قرّبوا حاله من حال الميت الذى لا خبر له بما يجرى فى العا لم، الا انّهفارق الميت فى شعوره بنفسه فقط.
3) *The incoherence of the philosophers*, p.71, (59), ll.8 -10.
من ذهب الى انّ الاوّل لا يعقل الا نفسه انّما حاذر من لزوم الكثرة، اذ لو قال به، للزم ان يقال عقله غيره غير عقله نفسه.
4) *The incoherence of the philosophers*, p.70, (56), ll.9 -11.
انّ هذا المذهب لشناعته هجره ابن سينا وسائر المحقّقين، و زعموا انّ الاول يعلم نفسه مبدأ لفيضان ما يفيض منه و يعقل
الموجودات كلّها بانواعها عقلا كلّيّا لا جزئيّا،
5) *The incoherence of the philosophers*, p.101, (23), ll.13 -15.
فامّا الاول، فهو الذى اختاره ابن سينا. فانه زعم انّه يعلم الاشياء كلّها بنوع كلّيّ لا يدخل تحت الزمان ولا يعلم الجزئيات التى يوجب تجدّد الاحاطة بها تغيّرا في ذات العا لم.
6) *The incoherence of the philosophers*, p.102, (27), ll.10 -14.
هو لا يعلم الغير بالقصد الاوّل، بل يعلم ذاته مبدأ للكلّ فيلزمه، العلم بالكلّ بالقصد الثانى، اذ لا يمكن ان

يعلم ذاته الا مبدأ. فانّه حقيقة ذاته. ولا يمكن ان يعلم ذاته مبدأ لغيره الا و يدخل الغير فى علمه بطريق التضمن واللزوم. ولا يبعد ان يكون لذاته لوازم وذلك لا يوجب كثرة فى ماهيّة الذات. وانما يمتنع ان يكون فى نفس الذات كثرة.

7) Avicenna, *The Metaphysics of The Healing*, ed. Michael E. Marumura, Probo, Utah, Brigham Young University Press, 2005, b.8, c.6, n.13, p.287, ll.7-8.

ولأنه مبدأ كل وجود فيعقل من ذاته ما هو مبدأ له.

8) *The Metaphysics of The Healing*, b.8, c.6, n.13, p.288, l.2.

واجب الوجود إنما يعقل كل شىء على نحو كلى

9) *The Metaphysics of The Healing*, b.8, c.6, n.16, p.288, ll.5-6.

إذا عقل ذاته وعقل أنه مبدأ كل موجود، عقل أوائل الموجودات عنه وما يتولد عنها

10) *The Metaphysics of The Healing*, b.8, c.7, n.1, p.291, ll.8-9.

فهو لذلك يعقل الأشياء دفعة واحدة من غير أن يتكثر بها فى جوهره،

11) *The Metaphysics of The Healing*, b.8, c.7, n.1, p.291, ll.10-11.

ولأنه يعقل ذاته ، وأنه مبدأ كل شيء، فيعقل من ذاته كل شيء

12) *The incoherence of the philosophers*, p.102, (29), ll.16 -18.

انّ قولكم انّه يعلم ذاته مبدأ تحكّم. بل ينبغى ان يعلم وجود ذاته فقط. فامّا العلم بكونه مبدأ يزيد على العلم بالوجود، لانّ
المبدئيّة اضافة للذات. ويجوز ان يعلم الذات ولا يعلم اضافته.

13) *The incoherence of the philosophers*, p.103, (29), ll.2-6.

فالالزام قائم فى مجرّد قولهم انّه يعلم كونه مبدأ، اذ فيه علم بالذات وبالمبدئيّة، وهو الاضافة والاضافة غير الذات. فالعلم بالاضافة غير العلم بالذات بالدليل الذى ذكرناه، وهو انّه يمكن ان يتوهّم العلم بالذات دون العلم بالمبدئيّة، ولا يمكن ان يتوهّم العلم بالذات دون العلم بالذات، لان الذات واحدة.

14) このようなガザーリーの主張の背後には，アリストテレスにおける実体・本質と付帯性の区別に関するガザーリーの知識があるように思われる。実際アリストテレスにおいて関係は付帯性の一種である。アリストテレス『カテゴリー論』第7章参照。

15) *The Metaphysics of The Healing*, b.8, c.7, n.4, p.292, ll.7-9.

على أن المعقولات والصور التى له بعد ذاته إنما هى معقولة على نحو المعقولات العقلية لا النفسانية؛ وإنما له إليها إضافة المبدأ الذى يكون عنه لا فيه،

16) Averroes, *Tahāfut al-Tahāfut*, ed. Salāh al-Dīn Hawwārī, Saydā, Bayrūt, al-Maktabah al-'Asrīyah, 2002, p.167, ll.12-22.

أما ما شنعوا به من أن المبدأ الأول إذا كان لا يعقل إلا ذاته فهو جاهل بجميع ما خلق، فإنما كان يلزم ذلك لو كان ما يعقل من ذاته شيئاً هو غير الموجودات بإطلاق. وإنما الذي يضعون أن الذي يعقله من ذاته هو الموجودات بأشرف وجود، وأنه العقل الذي هو علة للموجودات، لا بأنه يعقل الموجودات من جهة أنها علة لعقله، كالحال فى العقل منا~ ولذلك لا يجوز في علمه أن يوصف بأنه كلي ولا جزئي، لأن الكلي والجزئي معلولان عن الموجودات. وكلا العلمين كائن فاسد.

17) *Tahāfut al-Tahāfut*, p.227, ll.11-21.

فإن ألفي شيء في غير مادة ، فالعقل منه هو المعقول من جميع الجهات، وهو عقل المعقولات ولا بدّ، ولأن العقل ليس هو شيئاً أكثر من إدراك نظام الأشياء الموجودة وترتيبها. ولكنه واجب فيما هو عقل مفارق ألا يستند في عقل الأشياء الموجودة وترتيبها إلى الأشياء الموجودة، ويتأخر معقوله عنها. لأن كل عقل هو بهذه الصفة،

فهو تابع للنظام الموجود في الموجودات، ومستكمل به. وهو ضرورة يقصر فيما يعقله من الأشياء. ولذلك كان العقل منا مقصراً عما تقتضيه طبائع الموجودات من الترتيب والنظام لموجود فيها. فإن كانت طبائع الموجودات جارية على حكم العقل، وكان هذا العقل منا مقصراً عن إدراك طبائع الموجودات، فواجب أن يكون هٰهنا علم بنظام وترتيب، هو السبب فى النظام والترتيب، والحكمة الموجودة في موجود موجود. و واجب أن يكون هذا العقل النظام الذي منه هو السبب في هذا النظام الذي في الموجودات.

18) *Tahāfut al-Tahāfut*, p.227, l.21-p.228, l.2.

وأن يكون إدراكه لا يتصف بالكلية، فضلاً عن الجزئية، لأن الكليات معقولات تابعة للموجودات، ومتأخرة عنها. وذلك العقل الموجودات تابعة له فهو عاقل ضرورة للموجودات بعقله من ذاته، النظام والترتيب الموجود في الموجودات لا بعقله شيئاً خارجاً عن ذاته، لأنه كان يكون معلولاً عن الموجود الذي يعقله لا علة له، وكان يكون مقصراً.

19) *Tahāfut al-Tahāfut*, p.230, ll.20-p.231, l.2.

فإن العقل منا هو علم للموجودات بالقوة لا علم بالفعل. والعلم بالقوة ناقص عن العلم بالفعل. وكل ما كان العلم منا أكثر كلية كان أدخل في باب العلم بالقوة، وأدخل في باب نقصان العلم. وليس يصح على العلم الأزلي أن يكون ناقصاً بوجه من الوجوه. ولا يوجد فيه علم هو علم بالقوة. لأن العلم بالقوة هو علم في هيولى. فلذلك يرى القوم أن العلم الأول يجب أن يكون علماً بالفعل، وألا يكون هنالك كلية أصلاً، ولا كثرة متولدة عن قوة، مثل كثرة الأنواع المتولدة عن الجنس.

20) *Tahāfut al-Tahāfut*, p.255, ll.6-9.

فابن سينا لما لم يعترف بوجود هذه الطبيعة المتوسطة بين الطبيعة التي يدل عليها الاسم المتواطىء، وبين الطبائع التي لا تشترك إلا في اللفظ فقط، أو في عرض بعيد، لزمه هذا الاعتراض.

第三章　アヴェロエス『矛盾の矛盾』における天体の動者

1) *The Metaphysics of The Healing*, b.9, c.2, n.4, p.308, ll.20-21.

فقد بان أن الفلك ليس مبدأ حركة طبيعية، وكان قد بان أنه ليس قسرا، فهى عن إرادة لا محالة.

〈訳〉「天球は自然運動の原理ではないということはすでに明らかである。またそれ〔天球の運動〕は強制〔運動〕でもないということも明らかである。だからそれ〔天球の運動〕が意志に由来することは疑いない。」アヴィセンナはアリストテレスに従い，天を一種の動物として，天球をその身体として考えているのであろう。アリストテレス『天界論』第 2 巻第 2 章 285a29-30 参照。

2) *The Metaphysics of The Healing*, b.9, c.2, n.5, p.309, ll.1-2; 5-6; 8-10.

إنه لا يجوز أن يكون مبدأ حركته القريب قوة عقلية صرفة لا يتغير ولا يتخيل الجزئيات ألبتة.~ أما إن كانت الحركة عن طبيعة فيجب أن تكون كل حركة تتجدد فيه فلتجدد قرب وبعد من انهاية المطلوبة،~ إن كانت عن إرادة فيجب أن تكون عن إرادة متجددة جزئية. فإن الإرادة الكلية نسبتها إلى كل شطر من الحركة نسبة واحدة؛ فلا يجب أن تتعين منها هذه الحركة دون هذه.

3) アリストテレス『天界論』第 1 巻第 7 章 277a28-29.

4) *The Metaphysics of The Healing*, b.9, c.2, n.5, p.309, l.3.

الحركة معنى متجدد النسب

5) *The incoherence of the philosophers*, p.157, ll.13-15.

بل ليس ثم جزء عند كم فى الجسم، فانّه شىء، واحد، وانما يتجزّأ بالوهم. ولا فى الحركة؛ فانّها واحدة

بالاتصال.

6) Τοῦ μὲν γὰρ ἁπλοῦ σώματος ἀνάγκη τὴν κίνησιν ἁπλῆν εἶναι, μόνας δὲ ταύτας εἶναί φαμεν ἁπλᾶς, τήν τε κύκλῳ καὶ τὴν ἐπ' εὐθείας, καὶ ταύτης δύο μόρια, τὴν μὲν ἀπὸ τοῦ μέσου, τὴν δ' ἐπὶ τὸ μέσον. Aristotle, *On the heavens*, ed. W. K. C. Guthrie, M.A., Cambridge, Massachusetts, Harvard University Press, 1939, b.1, c.3, 270b29-32.

7) *The incoherence of the philosophers*, p.158, ll.4-5; 9-10.

وليس ثم الا جهة واحدة و جسم واحد و صوب واحد.~ فكذلك يكفى فى تلك الحركة الارادة الكلية للحركة. ولا يفتقر الى مزيد.

8) *Tahāfut al-Tahāfut*, p.319, ll.5-10.

أنه ليس يصدر فعل جزئي عن ذوي العقول إلا من جهة ما ذلك المعنى متخيل خيالاً عاما، فتصدر عنه أمور جزئية لا نهاية لها. مثال ذلك أن الصانع إنما تصدر عنه صورة الخزانة من جهة خيال كلي عام لا يختص بخزانة دون خزانة. وكذلك الأمر فيما يصدر من الصنائع بالطبع عن الحيوانات. وكأن هذه الخيالات هي واسطة بين الإدراكات الكلية والجزئية، أعني: أنها واسطة بين حد الشيء وخياله الخاص به.

9) *Tahāfut al-Tahāfut*, p.319, ll. 10-15.

فالأجسام السماوية إن كانت تتخيل فبمثل هذا الخيال الذي هو من طبيعة الكلي، لا الخيال الجزئي المستفاد من الحواس. ولا يمكن أن تكون أفعالنا صادرة عن التصور الجزئي. ولذلك ما يرى القوم أن الصور الخيالية التي تصدر عنها أفعال الحيوانات المحدودة، هي كالمتوسطة بين المعقولات والصور الخيالية الشخصية. مثل الصورة التي يفر بها البغاث من الجوارح، والتي بها تصنع النحل بيوتها.

10) *Tahāfut al-Tahāfut*, p.319, ll.17-21; l.25-p.320, l.2.

وهذا الخيال الكلي هو الباعث للإرادة الكلية، التي لا تقصد شخصاً دون شخص. وأما الإرادات الجزئية، فهي التي تقصد شخصاً دون شخص من النوع الواحد، وهذا لا يوجد في الأجرام السماوية. وأما أن توجد إرادة عامة للشيء الكلي بما هو كلي، فهو مستحيل. لأن الكلي ليس له وجود خارج الذهن، ولا هو كائن فاسد. ~ وأما إن فهم من الإرادة تعلقها بالمعنى الكلي، بعينه، فليس تتعلق به إرادة أصلاً. ولا توجد إرادة بهذه الصفة إلا من الجهة التي قلنا.

11) *Tahāfut al-Tahāfut*, p. 320, ll.13-18.

و هذا الذي قلته من أمر تخيل الأجرام السماوية خيالات متوسطة بين الخيالات الجزئية والكلية، هو قول مقنع. والذي يلزم عن أصول القوم أن الأجرام السماوية لا تتخيل أصلاً، لأن هذه الخيالات كما قلنا إنما هي لموضع السلامة، سواء كانت عامة أو خاصة. وهي أيضاً من ضرورة تصورنا بالعقل. ولذلك كان تصورنا كائناً فاسداً، وتصور الأجرام السماوية، إذ كان غيركائن ولا فاسد، فيجب أن لا يقترن بخيال، وألا يستند إليه بوجه من الوجوه.

12) *Tahāfut al-Tahāfut*, p.322, ll.8-12.

وأما المعاندة العقلية التي أتى بها في هذا الباب لابن سينا، فهي معاندة صحيحة . فإنه ليس للسماء حركات جزئية في مسافات جزئية، حتى يقتضي ذلك أن يكون لها تخيل. فإن المتنفس الذي يتحرك حركات جزئية، في أمكنة جزئية له، لا محالة تخيل لتلك التي يتحرك عليها، ولتلك الحركات إذا كانت تلك المسافات غير مدركة له بالبصر والمستدير، كما قال إنما يتحرك من حيث هو مستدير حركة واحدة،

13) *Tahāfut al-Tahāfut*, p. 320, ll.18-20; p.324, ll.10-12.

ولذلك ليس ذلك الإدراك لا كلياً ولا جزئياً، بل يتحد هنالك العلمان ضرورة، أعني الكلي والجزئي. وإنما

يتميز هٰهنا في المواد من قبل تلك. ~ وبالجملة، فيزعمون أنه قد اتحد العلمان الكلي و الجزئي في العلم المفارق للمادة، وأنه إذا فاض ذلك العلم على ما هٰهنا، انقسم إلى كلي وجزئي وليس ذلك العلم لا كلياً ولا جزئياً.

14） *Tahāfut al-Tahāfut*, p. 320, ll.7 -8.

وبالجملة، إن كانت عالمة فاسم العلم مقول عل علمنا وعلمها باشتراك الاسم.

15） *Tahāfut al-Tahāfut*, p. 322, ll.13-16.

وإن كان يتبع تلك الحركة الواحدة حركات كثيرة متفنّنة جزئية فيما دونها من الموجودات، فإنه ليس المقصود عندهم من تلك الجزئيات إلا حفظ الأنواع فقط، التي تلك الجزئيات جزئيات لها، لا وجود جزئي جزئي من تلك الجزئيات، من جهة ما هو جزئي. فإنه إن كان الأمر كذلك، لزم أن تكون السماء ولا بد متخيلة.

16） Averroes, *Tafsir ma ba'd at-tabi'at*, ed. Maurice Bouyges, S. J., Beyrouth, Dar el-Machreq, 1973, c.36, p.1593, ll.12-14; p.1594, ll.3-5; l.14-p.1595, l.2.

ومن هنا يظهر كل الظهور ان هذه الاجرام السماوية متنفسة وانه ليسى لها من قوى النفس الا العقل والقوة الشوقية اعنى المحرك فى المكان~ فيلزم من ذلك ان يكون هذا المحرك عقل وانه محرك من جهة انه فاعل للحركة ومن جهة انه غاية للحركة وذلك ان هذا انما يفترق فينا~ فلو كانت صورة الحمام مثلا فى غير مادة لكانت محركة عل طريق الفاعل وعل طريق الغاية من غير ان يلحقها تعدُّد اصلا وهكذا ينبغى ان يفهم فى محركات الاجرام السماوية انها محركة على الوجهين من غير ان تتعدّد فمن حيث تلك المعقولات صور لها هى محركة على طريق الفاعل ومن حيث هى غايات لها تتحرك عنها على جهة الشوق

第四章　アルベルトゥス宇宙論におけるアヴェロエス受容

1） *Tafsir ma ba'd at-tabi'at,* c.51, p.1707, ll.6-9.

ولذلك جاء قوم فقالوا انه عالم بما هاهنا بعلم كلى لا بعلم جزئى والحق انه من قبل انه يعلم ذاته فقط يعلم الموجودات بالو جود الذى هو علة فى وجوداتها

2） *Tafsir ma ba'd at-tabi'at,* c.51, p.1708, ll.2-8.

فلذلك كان اسم العلم مقولا على علمه سبحانه وعلمنا باشتراك الاسم وذلك ان علمه هو سبب الموجود والموجود سبب لعلمنا فعامه سبحانه لا يتصف لا بالكلى ولا بالجزئى لان الذى علمه كلى فهو عالم للجزئيات التى هى بالفعل بالقوة فمعلومه ضرورة هو علم بالقوة اذ كان الكلى انما هو علم للامور الجزئية واذا كان الكلى هو علم بالقوة ولا قوة فى علمه سبحانه فعلمه ليس بكلى

3） Non enim〔substantiae divinae〕intelligunt ens causatum nisi per modum illum quo〔substantiae divinae〕sunt causae ipsius. Albertus Magnus, *Alberti Magni Metaphysica*, ed. Bernhardus Geyer, *Alberti Magni opera omnia,* tomus 16, pars 2, Münster, Aschendorff, 1964, lib.11, tract.2, c.33, p.524, ll.88-90.

4） Et hoc est, sicut si ponamus, quod ipsa substantia intellectus practici sit ars et nihil additum ei penitus, iste intellectus in se quidem indivisibilis est, sed extensus in manus et instrumenta divisibilis est et formam artificiati, quae ipse est, per partes exsequitur, et instrumenta, quae formam accipiunt parietis, non accipiunt formam fundamenti. Si ponamus, quod aliis instrumentis facit unum quam alterum, et si demus etiam, quod eisdem instrumentis facit utrumque: adhuc verum est, quod illa forma quae fit per ea in faciendo pariete, non est illa quae fit in faciendo fundamento. *Alberti Magni Metaphysica*, lib.11, tract.2, c.33, p.524, l.90-p.525, l.9.

5) Et tamen non possumus dicere, quod ipse intellectus talis qui intelligendo seipsum intelligit se in se indivisibiliter, non intelligat formam artis procedentem a se in manum et instrumenta et non intelligat eam, quando est in materia artificiati. *Alberti Magni Metaphysica*, lib.11, tract.2, c.33, p.525, ll.9-14.

6) Et si quaeramus, per quid intelligat, dicemus, quod per nihil nisi per seipsum. Et si quaeramus, utrum aliquid diversum a se intelligat, dicemus, quod sic, quoniam forma in manibus et instrumentis est diversa a seipso et forma in materia extra magis est diversa. Et si quaeramus, utrum aliquid intelligendo sic recipiat, dicemus, quod nihil penitus recipit, sed omnia facit, nec per intellectum possibilem vel contemplativum vel adeptum intelligit, sed omnia intelligit per intellectum agentem et operantem. *Alberti Magni Metaphysica*, lib.11, tract.2, c.33, p.525, ll.14-23.

7) Et ideo scientia illa nec est scientia in universali neque in particulari, quia scientia rei in universali est scientia rei in hoc in quo ipsa res non est nisi in potentia, sicut homo in animali. Et hoc modo non est hic, quia tota et expressa forma artificiati est ars, sive accipiatur in intellectu sive accipiatur in manu et instrumentis sive accipiatur, prout est in materia. Haec etiam scientia non est scientia in particulari, quia scire rem in particulari est scire in hoc quod est natura sua, et hoc modo per hoc quod est natura rei, non intelligunt substantiae separatae. Et ideo scientia substantiarum harum est aequivoce dicta scientia ad scientiam nostram, quia scientia nostra causatur ab ente, quod scimus, scientiae autem illarum substantiarum causa est entis. *Alberti Magni Metaphysica*, lib.11, tract.2, c.33, p.525, ll.24-38.

8) Huius autem exemplum pulchrum satis duplex invenimus in natura. Quorum unum est in virtute spiritus, qui est in semine. Hic enim ideo, quod discrete et diversa in forma operatur, aliquando a PHILOSPHIS vocatur intellectus et aliquando vocatur anima, Et si ponamus, quod sit anima et intellectus per substantiam, constat, quod illa substantia non per formam aliquam additam sibi, sed per suam substantiam operatur omnes formas membrorum quae, secundum quod sunt in ipsa, sunt idem ipsi substantiae et secundum quod procedunt ab ipsa in umorem et membra, diversificantur ab ipsa et quanto plus recedunt ab ipsa, tanto plus diversificantur ab ipsa et ab invicem. *Alberti Magni Metaphysica*, lib.11, tract.2, c.33, p.525, ll.39 -52.

9) Cf. Albertus Magnus, *De animalibus libri XXVI*, ed. H.Stadler, Münster, Aschendorff, 1920, lib.16, tract.1, c.11.

10) Et tamen si quaeramus, utrum ille intellectus cognoscat formas membrorum, quantumcumque recedant ab ipso, dicemus, quod sic, quia si non cognosceret, non operaretur eas per suam scientiam. Et si quaeramus, per quid cognoscit easdem, dicemus, quod per seipsum, quia ipse est per essentiam causa ipsarum. Et si quaeramus, quomodo sunt in ipso, dicemus, quod sunt ipsum lumen eius et, secundum quod sunt in ipso, sunt id quod est ipse, et tamen secundum quod distant ab ipso, multa accidunt eis quae non

accidunt intellectui illi, quia, secundum quod distant ab ipso, non sunt idem ipsi et id quod de lumine eius habet una, non est, quod de lumine eius habet alia.*Alberti Magni Metaphysica*, lib.11, tract.2, c.33, p.525, ll.52-65.

11) Aliud autem exemplum est de sole et luce solis. Ponamus enim, quod substantia solis sit ipsa lux eius nec habeat aliam substantiam: adhuc lux solis indivisivilis quidem erit in sole et erit divisibilis expansa per omne perspicuum et erit causa colorum, secundum quod se lux expansa immittit perspicuo superficiei terminati corporis, et lux sua erit ipsa colorum substantia. Et si quaeramus, utrum sol habeat colores, dicemus, quod habet eos sicut causa praehabens, et secundum hoc sunt id quod substantia ipsius. Et si quaeramus, utrum colores recipiantur a luce solis, dicemus, quod non, sed potius causantur ab ipsa, et modus, quo sunt in ipsa, est modus loci speciei, non modus receptionis materiae, sicut ALIBI dictum est. Et si ponamus, quod sol sit intellectualis substantia, cognoscit omnes colores per modum, qui iam saepius dictus est.*Alberti Magni Metaphysica*, lib.11, tract.2, c.33, p.525, ll.66-82.

12) Iam autem clarum est id quod tertio quaerebatur de cognito a substantiis divinis. Iam enim scitur, quod substantiarum divinarum scientia nec est universalis nec particularis nec univoca nostrae scientiae. Et quia non cognoscunt aliquid nisi cognoscendo seipsas, ideo materialia quidem cognoscunt immaterialiter et composita simpilciter et temporalia intemporaliter et multa unite et divisa indivisibiliter. Sic enim se habent omnia ad lucem sui intellectus, qui est causa ipsorum; sic enim formae sunt in virtute formativa, et sic sunt colores in lumine solis, et sic sunt artificiata in arte. Et hoc non est difficile videre per antedicta, quia recessio rerum a causa divina est extensio earum in motum et quantitatem et in materiam. Et ex hoc accipiunt et multitudinem et temporalitatem et motum et compositionem et divisionem, et nihil horum habent a substantia divina, quae causa est earum per intellectum. *Alberti Magni Metaphysica*, lib.11, tract.2, c.34, p.525, l.92- p.526, l.13.

13) Et ex hoc etiam solvitur, qualiter sciunt privationes ipsae divinae intelligentiae; has enim sciunt, sicut ars scit peccata artis per hoc quod non habent artis formam ad perfectum. Sunt autem, qui ex hoc obiciunt, quod substantiae divinae non sciunt res, prout sunt, quia multae sunt et divisae et compositae et materiales et huiusmodi. Et haec obiectio ex ignorantia provenit, quia licet ista non accipiunt causata a causa, sed a materia, tamen causa cognoscens causatum per seipsam cognoscit distantiam et dissimilitudinem sui a causato quolibet. Et si cognoscit istam dissimilitudinem, cognoscit et causam dissimilitudinis et modum, et sic cognoscunt omnia suo modo substantiae divinae. *Alberti Magni Metaphysica*, lib.11, tract.2, c.34, p.526, ll.13-26.

14) Nec fuit aliquid dicere, quod quidam ignari philosophiae tradiderunt dicentes, quod cognoscunt res in universali et non in particulari. Et videntur esse de hac opinione AVICENNA et ISAAC et ALGAZEL, quia cognoscere in universali, et in particulari non

accidit nisi intellectui contemplativo. Et si nos philosophice loquamur, sicut debemus in hac materia, divinae substantiae contemplativo intellectu nihil cognoscunt nec talem habent intellectum, sed habent intellectum et sunt intellectus universaliter agens, sicut dictum est, et illi non convenit cognoscere universale vel particulare, sed potius cognoscere se et modos suos, quibus explicat seipsum in instrumenta, quibus operatur in materiam. Sed in hac scientia divina fere omnes errant, eo quod errorem Avicennae sunt secuti, et QUIDAM nostrorum sequuntur eum etiam in his quae ipsimet non intelligunt. *Alberti Magni Metaphysica*, lib.11, tract.2, c.34, p.526, ll.27-43.

15) *Tafsir ma ba'd at-tabi'at*, c.36, p.1593, ll.12-13.
ان هذه الاجرام السماوية متنفسة وانه ليس لها من قوى النفس الا العقل والقوة الشوقية

16) *Tafsir ma ba'd at-tabi'at*, c.36, p.1594, ll.3-5.
ان يكون هذا المحرك عقل وانه محرك من جهة انه فاعل للحركة ومن جهة انه غاية الحركة وذلك ان هذا انما يفترق فينا

17) Quidam autem praecipui Peripateticorum media inter hos via inierunt et caelos quidem animas habere dixerunt et intelligentias ab ipsis animabus separatas non posuerunt, sed ipsas animas de virtutibus animae nihil habere dixerunt nisi agentem universaliter intellectum et desiderium sive appetitum. *Alberti Magni Metaphysica*, lib.11, tract.2, c.10, p.495, ll.74-79.

18) His autem opinionibus ego nihil addo, sed sive verae sint sive non, tales iudicentur a lectore quales ex rationibus, quae inductae sunt, esse possunt. *Alberti Magni Metaphysica*, lib.11, tract.2, c.10, p.496, ll.68-70.

19) Cap.4. De improbatione erroris Avicennae, quod motus caeli sit ab anima

Est autem AVICENNAE opinio, quod caeli motor propinquus sit anima et motor remotus sit intelligentia, et ad hoc quidem non inducit rationem, quae sufficiat. Et est haec sua ratio, cui plus innititur, quia motus particularis est motus caeli et partium caeli, qui est ab A in B et B in C et sic continue, donec perficiatur hic circulus. Igitur iste motus particularis est a movente cognitionem particularem habente de partibus huius motus singularis. Cognitionem autem singularem de entibus non habet intelligentia pura et simplex. Da enim, quod aliquis intellectualiter cognoscunt omnes motus solis et lunae et motus nodorum capitis et caudae draconis et quantitates eorum per omne tempus, quamvis ille intellectualiter sciat rationes omnium eclipsium, non tamen sciat hanc eclipsim et illam nisi per aliquod quod est proprium isti eclipsi et illi. Hoc autem quod facit ipsum scire proprium huius vel illius, non est nisi sensus et imaginatio. Quod ergo propria huius motus cognoscit, est imaginatio et sensus. Quicumque autem motor est huius caeli, in hoc motu cognoscit hoc ubi et illud et omnia accidentia huius motus, ut est hic motus. Igitur ille motor non est intelligentia, sed anima habens ad minus imaginationem particularium. Cum autem non moveat caelum nisi per desiderium, concedit AVICENNA, quod non habet haec anima desiderium concupiscentiae vel irae, sed habet desiderium

sapientis, quod est boni simpliciter et non boni ut nunc, sicut in PRAECEDENTIBUS est determinatum. Quaecumque autem sic inducuntur ab Avicenna, omnino sunt erronea et falsa, sicut in PRAEHABITIS probatum est. Ille enim intellectus qui est universalium, est, qui speculativus et non activus. Intellectus autem activus duplex est. Unus quidem, qui per accidens est activus, et alius, qui est activus per seipsum. Per accidens autem est activus noster intellectus, qui non agit nisi per formam artis acceptam vel inventam. Per se autem activus est, qui per seipsum et per suam essentiam est activus rerum. Et talis est intellectus substantiarum moventium caelos, sicut SAEPE diximus. Et ideo similis est haec actio actioni virtutis formativae, quae est in semine, quae agit divera in figura et specie sicut intelligentia et anima, et ideo etiam a quibusdam intelligenita vocatur, et tamen ut agat in materiam, quam ambit per spiritum, non indiget imaginatione aliqua. Ita etiam DIXIMUS, quod corpus caeli perfectissimum corporum est, et quia est sicut instrumentum intelligentiae, fit in eo forma intelligentiae traducta in ipsum absque imaginatione. Haec enim forma quia est ad rem et non a re ipsa abstracta, non vadit per viam abstractionis, sed per viam compositionis. Et sicut desiderium, quo movetur, non est alicuius boni quod sit hic et nunc, sed boni simpliciter, et tamen movet hic et nunc, ita etiam intellectus, qui est simpliciter intellectus activus, movet hic et nunc, quamvis ipse non sit hic et ninc. Hoc enim ideo fit, quia corpus accipit formam ut instrumentum, et ideo accipit eam progredientem in materiam et habet eam extensam et protensam in motum, quam intellectus habet simpliciter, sicut SUPRA diximus. Unde et Avicenna non potest dicere, quod haec imaginatio sit alicuius animae senseibilis, sed dicit, quod sicut in nobis aliquo uno concepto ab intellectu multiplicantur imaginationes ad illud et affluunt desideria, ita multo magis dicit esse in illis corporibus quae multo perfectiora sunt corporibus nostris. Et hoc non est necessarium, sicut praediximus. In nobis enim, quando aliquis multum et arte et exercitio perfectus est, invenitur operans ex intellectu sine imaginatione, quasi moveatur a natura. Constat autem caelestia corpora esse perfectissima et ideo tali imaginatione non indigere. *Alberti Magni Metaphysica*, lib.11, tract.3, c.4, p.538, l.32- p.539, l.27. 〈訳〉「第4章『天の運動は魂に由来するというアヴィセンナの誤りの否認について』天の近接動者は魂であり，知性体は〔天から〕離れている動者であるというアヴィセンナの見解が在るが，このこと〔見解〕のために〔アヴィセンナは〕十分な論拠を導入していない。〔アヴィセンナが〕より多く依拠している彼の論拠は以下の通りである。すなわち，天〔全体〕と天の諸部分の運動は個別的運動であり，それはAからBへ，BからCへというように続き，この〔天の運動の〕円が完成するまで〔続く〕。だからこの個別的運動は，この個別的運動を有する諸部分に関する個別的認識を有する動者に由来する。しかし諸存在者に関する個別的認識を，純粋で純一な知性体は有さない。たとえば次のようなことを想定せよ。すなわち，或る人が太陽と月のすべての運動や，りゅう〔座〕の首と尾の諸々の節の〔すべての〕運動と，それらの全時間を通した量を知性的に認識していて，その人は〔それらの星の〕すべての蝕の内容を知性

的に知っているけれども，「あれ」や「これ」の蝕を知るのはただ「あれ」や「これ」の蝕に固有な何かによってのみである。ところで「あれ」や「これ」に固有なことをそれ〔その人〕に知らせるのはただ感覚と想像のみである。だから或る特定の運動に固有な諸々のものを認識するのは感覚と想像である。ところで或る特定の天のどの動者も，或る特定の運動における「ここ」や「あそこ」，或る特定の運動が或る特定の運動であるために有するすべての付帯性を認識している。それゆえこのような動者は知性体ではなく，少なくとも諸々の個の想像を有する魂である。ただしアヴィセンナが同意するところによれば，〔天の魂が〕天を動かすのはただ欲求によってのみであるが，この魂〔天の魂〕は欲望や怒りの欲求は有さず，以前の諸々の箇所で規定した通り，今在るような善ではなく，端的な善に係わる知恵有る者の欲求を有している。しかし以上のようにアヴィセンナによって導入されることは何でも，全く誤っており偽であること，以前述べた諸々のことにおいて証明した通りである。その理由は以下の通りである。すなわち，諸々の普遍を有するような知性は思弁的であって能動的ではない。ところで能動知性には二通り在る。一つは付帯的に能動的なものであり，もう一つは自身によって能動的なものである。付帯的に能動的なのは我々の知性であり，それが能動・作用するのはただ，受け取ったり発見したりした技術知の形相によってのみである。それに対して自身によって能動的であるものは，自身によって，自身の本質によって諸事物を生み出す。諸天を動かす諸実体の知性はこの〔後者の〕ようなものであること，我々がしばしば語った通りである。だからこの〔知性の〕活動は，種子のうちに在り，知性体や魂と同じように，形や種において異なる諸々のものを生み出す形成力の活動と似ている。それゆえ〔形成力は〕或る人々によって知性体とも呼ばれるのである。ところで〔形成力は〕精気を通して取り巻いている質料のうちに〔何かを〕生み出すのに何らかの想像力を必要とはしない。それゆえ我々も，天の身体〔天体〕は諸物体の中で最も完全なものであり，知性体の道具として在るので，想像なしにそれ〔天体〕のうちへと伝えられた知性体の形相がそれ〔天体〕のうちに生じると語ったのである。実際この形相は，事物へと向かってはいるが，事物そのものから抽象されたのではないので，抽象〔捨象〕の道を進まず，複合の道を進むのである。また，それによって〔天体が〕動かされるところの欲求は，「今」「ここ」に在る何らかの善に係わるのではなく，端的な善に係わるが，しかし「今」「ここ」で動かす。それとちょうど同じ様に，端的に能動知性である知性も，それ自身は「今」「ここ」には存在しないけれども，「今」「ここ」で動かす。このことが生じるのは，物体は形相を道具として受け取り，それゆえ〔物体は〕質料のうちへと出て行く形相を受け取り，運動のうちへと広がり延びている形相を有するが，その形相を知性は純一に有していること，我々が上で述べた通りだからである。だからアヴィセンナも，この〔天体の魂の〕想像が何らかの感覚的魂に属すると言うことはできず，ちょうど我々において何か一つのことが知性に懐念されると，それへと向かう諸々の想像が多数化し，諸々の欲求が流れ出すのとちょうど同じ様に，我々の身体よりもはるかに完全であるこれらの物体〔天体〕においてはましてやいわんやであると語るのであ

る。このことは必然的ではないこと，我々が以前述べた通りである。なぜなら我々においては，誰かが技術知と実行とにおいて非常に完全であるとき，自然本性に動かされているかのように，想像なしに知性に由来して作用するのが見出されるからである。ところで諸天体は最も完全であるので，上記のような想像を必要としないということが成り立つのである。」

20) Et ideo quod in intellectu est immaterialiter, procedens in id quod fertur, et in materiam, efficitur particulare. Corpus autem caeleste non est adeo imperfectum sicut corpus hominis, sed sicut corpus hominis habet virtutes affixas membris, quae movent membra et fluunt a corde et ab anima, et non habet eas ex seipso corpus vel membra, ita propter corporis illius excellentiam et immortalitatem habet illud corpus ex seipso virtutes, quibus exsequitur motum, et natura sua est natura eius quod est ad motum talem. Et ideo animae caelorum superflue haberent tales virtutes, cum virtutes corporis caeli ad hoc sufficiunt. Et secundum tales virtutes ponitur habere dextrum et sinistrum et huiusmodi. Et quia natura sua est natura organi motus talis, ideo numquam fit inoboedientia inter motorem et id quod movetur, *Alberti Magni Metaphysica,* lib.11, tract.2, c.10, p.496, ll.39-54.

21) アリストテレス『霊魂論』第二巻第一章 412b4-6 参照。

22) Forma autem naturalis, si resolvatur ad principia formalia, resolvetur in digerens et terminans calidum elementi et spiritum corporeum, qui vehiculum est virtutum agentium in generabilium materia. Et si ulterius resolvatur, resolvetur in radios et angulos radiorum caelestium informantes calidum digerens et terminans et informantes spiritum, qui est instrumentum virtutum generantium. Et si iterum resolvatur ulterius, resolvetur in motus corporum, hos radios ad locum generationis mittentium. Et si iterum ulterius fiat resolutio, stabit in lumine intelligentiae agentis et informantis omnia ista, et in illo est secundum formalissimum esse suum et simplicissimum, et in illo lumine est ubique et semper. Sed omnia haec in generatione intrinseca sunt materiae, et ideo transmutantia materiam generant, *Alberti Magni Metaphysica*, lib.4, tract.3, c.9, p.200, ll.16-32.

23) dicemus primo moventem esse illam(virtutem) quae est intelligentiae, et sub ipsa moveri virtutem caelestis motus cum omnibus diversitatibus et proportionibus situum et imaginum et motuum tam corporum caeli quam radiorum ipsorum supra determinatis:……et sub ipsa est virtus animae sive animati corporis secundum quod est animatum *De animalibus libri XXVI*, lib.16, tract. 1, c.7, p.1083, ll.11-15; 16-17.

24) Virtutes autem caelestes in seminibus plantarum et animalium sunt mirabiles: quoniam maximae et multiplices sunt ex multitudine corporum caelestium, et situum et motuum eorum, et ex multiplicitate radiorum et angulorum radiorum quos acquirunt omni modo, sive se invicem intersecando, sive incidendo super materiam generati, sive ex reflexione quam habent ad unum aliquem locum generationis quemcumque. *De animalibus libri XXVI*, lib.16, tract. 1, c.11, p.1092, ll.7-13.

25) Propter quod etiam COSTA BEN LUCA, quem Constabulum vocant, in libro DE

DIFFERENTIA SPIRITUS ET ANIMAE dicit, quod spiritus in animalium corporibus moventur ad modum luminis in mundo. Hunc ergo motum habent ex convenientia cum luminibus caelestibus. Et prima potentia huius motus in corporibus caelestibus est et non in spiritibus. Spiritus autem tales vehunt formas et animales et naturales et vitales ab anima in totum corpus et in omnes operationes corporis. Potentia ergo vehendi formas primo et principaliter in natura corporum caelestium est. Et haec via inter Peripateticos sollemnior est et dictis Aristotelis magis concordat. Albertus Magnus, *Alberti Magni De causis et processu universitatis a prima causa*, ed. Winfridus Fauser, S.J., *Alberti Magni Opera Omnia,* tomus 17, pars 2, Münster, Aschendorff, 1993, lib.2, tract.2, c.36, p.130, ll.17-29.

26） Cf., J. A Burns, “The Faculty of Arts” in *The Catholic Encyclopedia*, Vol. 1, NY, Robert Appleton, 1907, p.758.

27） Πάσης μὲν οὖν ψυχῆς δύναμις ἑτέρου σώματος ἔοικε κεκοινωνηκέναι καὶ θειοτέρου τῶν καλουμένων στοιχείων· ὡς δὲ διαφέρουσι τιμιότητι αἱ ψυχαὶ καὶ ἀτιμίᾳ ἀλλήλων, οὕτω καὶ ἡ τοιαύτη διαφέρει φύσις. πάντων μὲν γὰρ ἐν τῷ σπέρματι ἐνυπάρχει, ὅπερ ποιεῖ γόνιμα εἶναι τὰ σπέρματα, τὸ καλούμενον θερμόν. τοῦτο δ᾽οὐ πῦρ οὐδὲ τοιαύτη δύναμίς ἐστιν, ἀλλὰ τὸ ἐμπεριλαμβανόμενον ἐν τῳ σπέρματι καὶ ἐν τῳ ἀφρώδει πνεῦμα καὶ ἡ ἐν τῷ πνεύματι φύσις, ἀνάλογον οὖσα τῳ τῶν ἄστρων στοιχείῳ. Aristotle, *Generation of animals,* Cambridge, Harvard University Press, 1942, 736b30-39.

28） アリストテレス『動物発生論』（アリストテレス全集 9），岩波書店，1976 年，163 ページ.

29） ἀνάγκη καὶ τούτων ἑκάστην τῶν φορῶν ὑπ᾽ ἀκινήτου τε κινεῖσθαι καθ᾽ αὑτὴν καὶ ἀϊδίου οὐσίας.……καὶ τούτων τις πρώτη καὶ δευτέρα κατὰ τὴν αὐτὴν τάξιν ταῖς φοραῖς τῶν ἄστρων, φανερόν᾽……τὸ μὲν οὖν πλῆθος τῶν σφαιρῶν ἔστω τοσοῦτον, ὥστε καὶ τὰς οὐσίας καὶ τὰς ἀρχὰς τὰς ἀκινήτους καὶ τὰς αἰσθητὰς τοσαύτας εὔλογον ὑπολαβεῖν

Aristotle's Metaphysics, 1073a32-34; 1073b2-3; 1074a14-16.

30） アリストテレス『形而上学』（アリストテレス全集 12），岩波書店，1977 年，423-425 ページ.

31） *Tafsir ma ba'd at-tabi'at*, c.44, p.1648, ll.5-6.

كل جوهر من هذه الجواهر فهو مبدا للجوهر المحسوس على انه محرك وعلى انه غاية

32） intelligentia per lumen suum emissum in hoc vel in illud sive per lumen influxum huic vel illi efficitur immediata et coniuncta. *De causis et processu universitatis a prima causa*, lib.1, tract.4, c.7, p.54, ll.46-49.

33） Τὸ δὲ πρῶτον κινοῦν, μὴ ὡς τὸ οὗ ἕνεκεν, ἀλλ᾽ ὅθεν ἡ ἀρχὴ τῆς κινήσεως, ἅμα τῷ κινουμένῳ ἐστί (λέγω δὲ τὸ ἅμα, ὅτι οὐδέν ἐστιν αὐτῶν μεταξύ)· …… ἀδύνατον δὲ ……κινεῖν μὴ ἁπτόμενον, *Aristotle's Physics*, ed. W. D. Ross, Oxford, Clarendon Press, 1936, 243a32-34; 244a14-244b1.

34） アリストテレス『自然学』（アリストテレス全集 4），岩波書店，2017 年，346, 350 ページ

35） ἅμα μὲν οὖν λέγω ταῦτ' εἶναι κατὰ τόπον, ὅσα ἐν ἑνὶ τόπῳ ἐστὶ πρώτῳ, χωρὶς δὲ ὅσα ἐν ἑτέρῳ, ἅπτεσθαι δὲ ὧν τὰ ἄκρα ἅμα. *Aristotle's Physics*, 226b21-23.

36） アリストテレス『自然学』（アリストテレス全集 4），岩波書店，2017 年，264 ページ.

37） καὶ εἰ μὲν συνεχές, ἀνάγκη ἅπτεσθαι, εἰ δ' ἅπτεται, οὔπω συνεχές· οὐ γὰρ ἀνάγκη ἓν εἶναι αὐτῶν τὰ ἄκρα, εἰ ἅμα εἶεν· ἀλλ' εἰ ἕν, ἀνάγκη καὶ ἅμα. *Aristotle's Physics*, 227a21-23.

38） アリストテレス『自然学』（アリストテレス全集 4），岩波書店，2017 年，266 − 267 ページ.

39） Εἰ δ' ἐστὶ συνεχὲς καὶ ἁπτόμενον καὶ ἐφεξῆς, ὡς διώρισται πρότερον, συνεχῆ μὲν ὧν τὰ ἔσχατα ἕν, ἁπτόμενα δ' ὧν ἅμα, ἐφεξῆς δ' ὧν μηδὲν μεταξὺ συγγενές, ἀδύνατον ἐξ ἀδιαιρέτων εἶναί τι συνεχές, *Aristotle's Physics*, 231a21-24.

40） アリストテレス『自然学』（アリストテレス全集 4），岩波書店，2017 年，288 ページ.

41） ἅπτεται δ' ἅπαν ἢ ὅλον ὅλου ἢ μέρος μέρους ἢ ὅλου μέρος. ἐπεὶ δ' ἀμερὲς τὸ ἀδιαίρετον, ἀνάγκη ὅλον ὅλου ἅπτεσθαι. ὅλον δ' ὅλου ἁπτόμενον οὐκ ἔσται συνεχές. τὸ γὰρ συνεχὲς ἔχει τὸ μὲν ἄλλο τὸ δ' ἄλλο μέρος, καὶ διαιρεῖται εἰς οὕτως ἕτερα καὶ τόπῳ κεχωρισμένα. *Aristotle's Physics*, 231b2-6.

42） アリストテレス『自然学』（アリストテレス全集 4），岩波書店，2017 年，288-289 ページ.

43） 天体の動者の複数性については以下を参照。Harry A. Wolfson,"The Problem of the Souls of the Spheres from the Byzantine Commentaries on Aristotle through the Arabs and St. Thomas to Kepler,"in *Studies in the History of Philosophy and Religion*, Cambridge, Harvard University Press, 1973, I: pp. 22–59;"The Plurality of Immovable Movers in Aristotle, Averroes, and St. Thomas," in *Studies in the History of Philosophy and Religion*, I: pp.1–21.

第五章　アルベルトゥス流出流入論

1） *The Metaphysics of The Healing*, b.9, c.4, n.11, p.330, ll.5-6.

إن المعلول بذاته ممكن الوجود، وبالأول واجب الوجود. و وجوب وجوده بأنه عقل. وهو يعقل ذاته، ويعقل الأول ضرورة

2） *The Metaphysics of The Healing*, b.9, c.4, n.11, p.330, ll.6-8.

فيجب أن يكون فيه من الكثرة معنى عقله لذاته ممكنة الوجود فى حيزها ، وعقله وجوب وجوده من الأول المعقول بذاته, وعقله للأولو.

3） *The Metaphysics of The Healing*, b.9, c.4, n.11, p.330, ll.8-10.

وليست الكثرة له عن الأول. فإن إمكان وجوده أمر له بذاته لا بسبب الأول، بل له من الأول وجوب وجوده. ثم كثرة أنه يعقل الأول ويعقل ذاته كثرة لازمة لوجوب وجوده عن الأول.

4) *The Metaphysics of The Healing*, b.9, c.4, n.11, p.330, ll.10-13.

ونحن لا نمنع أن يكون عن شيء واحد ذات واحدة، ثم يتبعها كثرة إضافية ليست فى أول وجوده، ولا داخلة فى مبدأ قوامه؛ بل يجوز أن يكون الواحد يلزم عنه واحد، ثم ذلك الواحد يلزمه حكم وحال، أو صفة، أو معلول، ويكون ذلك أيضا واحدا. ثم يلزم عنه بمشاركة ذلك اللازم شيء، فيتبع من هناك كثرة كلها تلزم ذاته.

5) *The Metaphysics of The Healing*, b.9, c.4, n.11, p.330, ll.14-16.

فيجب إذن أن تكون مثل هذه الكثرة هى العلة لإمكان وجود الكثرة فيها عن المعلولات الأول. ولولا هذه الكثرة لكان لا يمكن أن يوجد منها إلا واحدة، ولم يمكن أن يوجد عنها جسم. ثم لا إمكان للكثرة هناك إلا على هذا الوجه فقط.

6) *The Metaphysics of The Healing*, b.9, c.4, n.12, p.330, l.17- p.331, l.2.

وقد بان لنا فيما سلف أن العقول المفارقة كثيرة العدد، فليست إذن موجودة معا عن الأول، بل يجب أن يكون أعلاها هو الموجود الأول عنه ثم يتلوه عقل وعقل. ولأن تحت كل عقل فلكا بمادته وصورته التى هى النفس وعقلا دونه، فتحت كل عقل ثلاثة اشياء فى الوجود، فيجب أن يكون إمكا ن وجود هذه الثلاثة عن العقل الأول فى الإبداع لأجل التثليث المذكور. والأفضل يتبع الأفضل من جهات كثيرة.

7) *The Metaphysics of The Healing*, b.9, c.4, n.12, p.331, ll.2-8.

فيكون إذن العقل الأول يلـزم عنه بما يعقل الأول وجود عقل تحته، وبما يعقل ذاته وجود صورة الفلك الأقصى وكمالها وهى النفس، وبطبيعة إمكان الوجود الحاصلة له المندرجة فى تعقله لذاته وجود جرمية الفلك الأقصى المندرجة فى جملة ذات الفلك الاقصى بنوعه، وهو الأمر المشارك للقوة. فبما يعقل الأول، يلزم عنه عقل وبما يختص بذاته على جهة تلزم عنه الكثرة الأولى بجزئيها ، اعنى المادة والصورة، والمادة بتوسط الصورة أو بمشاركتها ، كما أن إمكان الوجود يخرج إلى الفعل بالفعل الذى يحاذى صورة الفلك.

8) *Tafsir ma baʿd at-tabiʿat*, c.44, p.1648, l.9-p.1649, l.1.

وذلك انهم قالوا يظهر من امر هذه العقول ان بعضها لازم لبعض على جهة ما يلزم المعلول عن العلة والمسبب عن السبب والجوهر الاول يحبب ان يكون واحدا فى الغاية و بسيطا فى الغاية والواحد والبسيط لا يصدر عنه او لا يلزم عنه الا واحد و محرك السماء الاول لزم عنه نفس السمـاء الاول و محرك الفلك الذى يليه فواجب ان يكون غير بسيط فله علة هى اقدم منه

9) *The Metaphysics of The Healing*, b.9, c.4, n.10, p.330, l.2.

10) Averroes, *Tafsir ma baʿd at-tabiʿat*, c.44, p.1649, ll.1-7.

وهذا القول هو موهم وذلك انه ليس هنالك صدور ولا لزوم ولا فعل حتى نقول ان الفعل الواحد يلزم ان يكون عن فاعل واحد وانما هنالك علة ومعلول على جهة ما نقول ان المعقول هو علة العاقل واذا كان ذلك كذلك فليس يمتنع فيما هو بذاته عقل ومعقول ان يكون علة لموجودات شتى من جهة ما يعقل منه اخاء شتى و ذلك اذا كانت تلك العقول تتمور منه اخاء مختلفة من التصور

11) (nos) Supponentes autem propositionem, quam OMNES ANTE NOS PHILOSOPHI supposuerunt, scilicet quod ab uno simplici immediate non est nisi unum secundum naturae ordinem. ······Supponimus etiam, quod intellectus universaliter agens non agit et constituit res nisi active intelligendo et intelligentias emittendo. Et dum hoc modo intelligit, seipso rem constituit, ad quam lumen sui intellectus terminatur. *De causis et processu universitatis a prima causa*, lib.1, tract.4, c.8, p.55, ll.72-76; 80-84.

12） Dum ergo primus intellectus universaliter agens hoc modo intelligit se, lumen intellectus, quod est ab ipso, prima forma est et prima substantia habens formam intelligentis in omnibus praeter hoc quod ab alio est. Et in hoc quod ab alio est, triplicem habet comparationem, scilicet ad primum intellectum, a quo est et quo sibi est esse; et ad seipsum secundum 'id quod est'; et ad hoc quod in potentia est secundum hoc quod ex nihilo est. Antequam enim esset, in potentia erat, quia omne quod ab alio est, factum est et in potentia erat, antequam fieret. *De causis et processu universitatis a prima causa*, lib.1, tract.4, c.8, p.55, l.84- p.56, l.1.

13） Intelligentia ergo prima non habet necesse esse nisi secundum quod intelligit se a primo intellectu esse. Secundum autem quod intelligit seipsam secudum 'id quod est', occumbit in ea lumen intellectus primi, quo intelligit sea primo intellectu esse. Et sic necesse est, quod inferior constituatur sub ipsa. Et haec est secunda substantia, quae vel anima dicitur vel id quod in caelis est loco animae. Secundum autem quod intelligit se ex nihilo esse et in potentia fuisse, necesse est, quod incipiat gradus substantiae, quae in potentia est. Et hoc est materia sub prima forma, quae est materia corporis caelestis, quae vocatur mobile primum. Meteria enim illa potentia divisibilis est. Et dum illustratur forma illa quae loco animae est, statim extenditur per motum, qui quodammodo ubique est, et ad apprehendendum lumen intelligentiae figuram et motum accipit circuli sive corporis sphaerici. *De causis et processu universitatis a prima causa*, lib.1, tract.4, c.8, p.56, ll.1-18.

14） intelligentia quidem unum est secundum substantiam et esse, sed ad hoc quod facta est, tria habet consequentia et concomitantia; scilicet intelligere se, secundum quod a primo est; et intelligere se secundum 'id quod est'; et intelligere se, secundum quod in potentia est. Et haec non variant substantiam, sed virtutes eius, et concomitantur ipsam, in quantum ipsa secundum est. Propter quod haec tria inveniuntur in omni ea comparatione qua secundum comparatur ad prius. *De causis* et processu unirersitatis a prima causa, lib.1, tract.4, cap.8, p.58, ll.10-18.〈訳〉「知性体は，実体と存在に即せば一つであるが，生み出されたということに従って，三つの帰結するもの，付随するものを有する。すなわち①第一のものに由来するということに即して自身を知性認識するということ，②〔自身が〕「それであるところのもの」に即して自身を知性認識するということ，③可能態に在るということに即して自身を知性認識するということである。これらは実体を多様化することなく，実体が第二のものであるかぎりでその力を多様化し，実体に付随する。このためこれら三つのものが，それによって〔知性体が〕以前のものと関係するところの関係すべてのうちに見出されるのである。〔①②③は訳者〕」

15） Intelligentia ergo, quae inter factas substantias prima est, secundum quod intelligit se a primo intellectu esse, in lumine primi intellectus est et ipsum lumen et sic intelligentia est. Secundum autem quod intelligit se secundum 'id quod est', lumen suum extendit ad aliud quoddam esse et sic extenditur in animam vel id quod loco animae est, Secundum autem

quod intelligit se ex nihilo esse et in potentia, ad esse materiale descendit, et sic fit id quod primum mobile est sub forma corporeitatis. *De causis et processu universitatis a prima causa*, lib.1, tract.4, c.8, p.56, ll.18-27.

16) Exemplum huius est in arte. Si enim ars comparetur ad lumen intellectus, a quo et ipsa ars constituta est, sic proprie lumen intellectuale est. Si autem consideretur ars in seipsa, secundum quod forma quaedam est, sic constitutiva est eius quod imago eius est. Si vero consideretur, prout facta est et in potentia et non in actu, requirit id quod potentialiter formam suam suscipere potest, quia formam suam hoc modo constituere non potest per se existentem. Sed constituit eam in eo quod fundat eam et terminat. *De causis et processu universitatis a prima causa*, lib.1, tract.4, c.8, p.56, ll.28-37.

17) Sic ergo habemus constitutionem primae intelligentiae, quae vocatur intelligentia primi ordinis. Habemus etiam constitutionem proximi motoris primi orbis, quem QUIDAM vocant animam caeli primi. Et secundum quod intelligit se in potentia esse, habemus constitutionem primi orbis sive primi caeli. Cum autem lumen intellectus primi principii fluat in primam intelligentiam et exuberet, constat, quod exuberatio luminis iterum refertur ad primum. Et dum sic intelligit se, per eandem rationem constituit intelligentiam secundi ordinis. Haec etiam intelligit se secundum 'id quod est' et sic constituit motorem proximum. Intelligit etiam se, secundum quod in potentia est, et sic constituit mobile secundum, quod est secundum caelum. Intelligere enim se in activo intellectu est lumen intellectuale emittere ad rei constituionem. Et sic habetur secunda intelligentia et secundus motor et secundum mobile. Et dum illa intelligentia iterum intelligit se esse a primo intellectu, necesse est, quod intelligat se in lumine exuberante. Et hoc modo constituetur intelligentia tertii ordinis. Intelligit etiam se secundum 'id quod est' et sic constituetur motor tertii mobilis. Intelligit etiam se, secundu quod in potentia est, et sic constituetur tertium mobile sive tertium caelum. *De causis et processu universitatis a prima causa*, lib.1, tract.4, c.8, p.56, ll.38-62.

18) Quia iam intendimus explanare, qualiter causatum fluat a causa, oportet nos primum dicere, quid sit ipse fluxus. Alia est enim divisio causae et alia dividio fluentis principii. Non enim fluit nisi id quod unius formae est in fluente et in eo a quo fit fluxus. Sicut rivus eiusdem formae est cum fonte, a quo fluit, et aqua in utroque eiusdem est speciei et formae. Quod non semper est in causato et causa. Est enim quaedam causa aequivoce causa. Similiter non idem est fluere quod univoce causare. Causa enim et causatum univoca in alio causant aliquando. A fonte autem, a quo fit fluxus, non fluit nisi forma simplex absque eo quod aliquid transmutet in subiecto per motum alterationis vel aliquem alium. *De causis et processu universitatis a prima causa*, lib.1, tract.4, c.1, p.42, ll.35-48.

19) Sicut dicimus formam artis ab arte simplici fluere, quae eiusdem rationis est in spiritu, qui vehiculum suum est, quando fluit in manus et organa artificis et quando accipitur in ipsa arte ut in origine sua. Si enim aliquid transmutat materiam, in quam influit forma defluens,

hoc tamen nihil est de essentia principii, a quo fit defluxus. Sed sunt qualitates activae vel passivae alicuius alterius causae instrumentaliter transmutantis subiectum. Sicut dolabrum et securis instrumenta sunt artificis adhibita corporaliter propter materiam, non propter formam artis, quae defluit, vel propter artem, quae principium est fluxus illius. Unde cum causa nihil agat nisi in subiecto aliquo existens, fluxus autem de ratione sua nihil dicat nisi processum formae ab ipso simplici formali principio, patet, quod fluere non est idem quod causare. *De causis et processu universitatis a prima causa*, lib.1, tract.4, c.1, p.42, ll. 48-63.

20） Adhuc autem, nec idem est quod principiare. Si enim vis fiat in eo quod est principium, omne principium aliquid rei est, cuius est principium. Et hoc sonat ipsum nomen. Principium enim primum rei est. Id autem quod fons talis fluxus est, de quo hic loquimur, non semper aliquid rei est, quia primus fons nulli commiscibilis est nec pars esse potest alicuius rei, quam constituit. *De causis et processu universitatis a prima causa*, lib.1, tract.4, c.1, p.42, ll. 64-71.

21） in ipso (fluxu) ipsa prima origo formae simplicis communicando se de se emittit formam a se procedentem sine sui diminutione. Sicut a luce procedit radius, et ipse radius in eo cui incidit, per sui diffusionem et multiplicationem et reflexionem constituit lumen simile primo fonti luminis, quamtum possibile est. *De causis et processu universitatis a prima causa*, lib.1, tract.4, c.1, p.43, ll. 16-22.

22） Si autem quaeritur, quid facit primum fontem emittere hunc fluxum, cum possit nihil agere in primum, dicendum, quod ipsa communicabilitas primi, cum semper sit in actu et ex copia bonitatis semper exuberet, hanc facit emanationem. Nihil enim est extra ipsum, quod ipsum de potentia educat in actum vel de habitu faciat agere. ……Et si quaeritur, quid sit vehiculum fluentis, nihil est quaerere. Forma enim subvecta vehiculo corporalis est et esse corporale habet in spiritu vehente eam. Hic autem emanatio a primo fonte intellectualis et simplex est tam secundum essentiam quam secundum esse. Propter quod vehiculum non habet nisi suiipsius communicabilitatem. Primum enim, de quo locuti sumus, propter suam nimiam simplicitatem penetrat omnia; et nihil est, cui desit ubique et semper existens. *De causis et processu universitatis a prima causa*, lib.1, tract.4, c.1, p.43, ll. 26-32;48-56.

23） Influere autem est fluxum talem alicui receptibili immittere. Quod quattuor contingit modis. Primo quidem secundum rationem formae fluentis, quam habet in primo fluxus principio. Sicut primum principium et intellectus universaliter agens influit in intelligentiam, sive influat ad intelligentiae constitutionem, quam sui luminis fluxu constituit primum principium, sive fluat super intelligentiam ad intelligentiae iam constitutae maiorem illuminationem. Secondo autem modo contingit hoc secundum umbram luminis fluentis, ex hoc scilicet quod distat a limpiditate primi fontis. Sicut fluit ad animae constitutionem, quae propter dependentiam ad corpus necesse est, quod primae

limpiditatis et sinceritatis patiatur adumbrationem. Tertio modo contingit secundum primi luminis casum, quod cadit a ratione luminis intellectualis et corporale efficitur. Omnis enim actus activorum est in patientibus secundum potentiam et possibilitatem passivorum. Et sic fluit in materiam susceptibilem corporeitatis. Quarto modo, quando fluit permixtum tenebris. Sicut quando fluit in materiam distinctam contrarietate et subiectam varietati, quae contraria sunt limpiditati et sinceritati primi luminis. *De causis et processu universitatis a prima causa*, lib.1, tract.4, c.2, p.44, ll. 5-29.

24） Fluit ergo ut distans, ut cadens, ut occumbens et ut oppressum tenebris. Cuius exemplum est in forma manante de lumine artis, quae in lumine artis sincerissima est, in spiritu vehente distans est, in organis artificis occumbens est a lumine primae sinceritatis, in lapidibus autem et lignis multis tenebris est oppressa, et tamen una et eadem est in omnibus istis. *De causis et processu universitatis a prima causa*, lib.1, tract.4, c.2, p.44, ll. 30-36.

25） Si quaeritur vero, cum dicitur 'influere', in quo sit continentia importata per praepositionem, dicendum, quod in possibilitate rei, cui fit influxus. Quae possibilitas rei est ex seipsa. In ANTEHABITIS enim iam determinatum est, quod omne id quod de nihilo est, nihil est ex seipso et ex seipso non habet nisi ad esse possibilitatem. Quae possibilitas, cum impletur ab eo quod est causa esse ipsius, continet esse defluxum in ipsam. Et hoc proprie vocatur influere, ut influxus sit ex parte primi, receptio autem et continentia ex parte secundi. Ex quo patet, quod si secundum ulterius fluat vel influat, quod non fluit nisi virtute primi. IAM enim habitum est, quod secundum 'id quod ipsum est' nihil habet nisi receptionis et continentiae possibilitatem. *De causis et processu universitatis a prima causa*, lib.1, tract.4, c.2, p.44, ll. 37-50.

26） Ex hoc etiam ulterius patet, quod in ordine omnium fluentium et influentium id quod prius est, influit in sequens et sequens non refluit in primum et quod sequens semper fundatur in priori. Et si deficiat sequens, non deficit primum. Si autem primum vel antecedens quodlibet deficiat, necesse est sequentia omnia deficere. Patet etiam, quod primum solum influit universaliter, secunda autem omnia minus universaliter et magis particulariter, secundum quod plus distant a primo. Continentia autem secundorum est et non primi, ex parte illa qua terminatae sunt possibilitates. Primum autem, cum nullo modo sit in potentia, nullo modo terminatum est. Et ideo fluxus suus est in copia et universaliter et non restrictus ad aliquam particularem capacitatem vel emanationem. *De causis et processu universitatis a prima causa*, lib.1, tract.4, c.2, p.44, ll. 51-66.

付論　アルベルトゥス『「原因論」註解』における神名論

1） Albertus Magnus, *Alberti Magni Super dionisium de divinis nominibus*, ed. Paulus Simon, *Alberti Magni Opera Omnia,* tomus 37, pars 1, Münster, Aschendorff, 1972.c.7, 3, p.339, ll.44-48.

2） アルベルトゥスにおける神名論全体については，彼の『「神名論」註解』始め彼の他

の諸著作を検討しなければならない。これは他の機会に譲らざるを得ない。

3) Cum autem in ANTEHABITIS iam probatum sit, quod primum principium nec est in genere substantiae nec in generibus accidentium; quaecumque autem diximus ad primi designationem, significata sua vel habeant in genere substantiae vel in genere accidentium, constat, quod secundum rationem nominum nihil praedicari potest per affirmationem de primo eo quod supra modum eminet omnibus his. Propter quod etiam nullo nomine diffinibile est. *De causis et processu universitatis a prima causa*, lib.1, tract.3, c.6, p.41, ll. 28-36.

4) Et si dicatur substantia, ex eo dicitur, quod super omnes substantias est et super omnem substantiae rationem. *De causis et processu universitatis a prima causa*, lib.1, tract.3, c.6, p.41, ll. 36-38.

5) Similiter si dicatur ens, non illo intellectu dicitur ens quo ens vocatur, quod est universale ens. Hoc enim contrahitur in omni eo quod est, et determinatur et nullum esse habet extra ipsum secundum actum. Quorum nihil convenit primo principio. *De causis et processu universitatis a prima causa*, lib.1, tract.3, c.6, p.41, ll. 38-43.

6) Similiter si dicatur unum, non est tale unum, quale 'unum est unitas, quae facit rem indivisam in se et divisam ab aliis'. Haec enim unitas proprius est rei terminus et est aliquid de esse ipsius. Quod primo uni non convenit. Eodem modo si dicatur res, quod vel dicitur ens ratum vel opinatum a re ordinatum, talis ratitudo vel refertur ad principia rei constituentia et ingredientia esse ipsius vel ad acceptionem animae, quae per abstractionem accipit a re tali. Et hoc primo principio convenire non potest. *De causis et processu universitatis a prima causa*, lib.1, tract.3, c.6, p.41, ll. 43-52.

7) Oportet tamen, quod ista dicantur de ipso et praedicentur per affirmationem eo quod ista per causam et exemplum primo sunt in ipso. Et causa substantiae non potest esse nisi substantia, nec causa exemplaris sapientiae potest esse nisi sapientia, nec causa exemplaris bonitatis nisi bonitas. Et cum talis praedicantur de primo principio, quamvis secundum nomen, quo cadunt in nostrum intellectum, non dicantur de ipso, tamen secundum naturam ipsius rei prius sunt in ipso quam in causatis et perfectius incomparabiliter maiori perfectione. Et hoc ideo quia causatum imitatur causam, sed non consequitur perfectionem eius. *De causis et processu universitatis a prima causa*, lib.1, tract.3, c.6, p.41, ll. 53-64.

8) Propter quod non est univoca praedicatio, quando haec de primo et secundis praedicantur. Propter imitaionem enim causati ad causam nomen formae, in qua causatum imitatur causam, praedicatur tam de causa quam de causato. Propter hoc autem quod causatum non attingit causae perfectionem, sequitur necessario, quod non attingit perfectam rei rationem. Ex hoc fit, quod non una ratione praedicatur de causa et causato. Sed in ratione, qua praedicatur de causato, negatur in causa; et in ratione, qua praedicatur de causa, negatur de causato. *De causis et processu universitatis a prima causa*, lib.1, tract.3, c.6, p.41, ll. 64-74.

9) Ex omnibus quae PRIUS inducta sunt, ostenditur, quod *causa prima super omne nomen est, quo nominatur* vel nominari potest. Omne enim nomen, quo causa prima nominatur a nobis, non nominat eam nisi secundum quod nobis innotescit. Innotescit autem per id quod sub ea est, eo quod ipsa secundum seipsam incommunicabilis est. Nec innotescit nobis nisi per secundum, quod est ab ipsa. In secondo autem non plene manifestatur eo quod inter secundum et ipsam mediator non est continuans utrumque. ipsa enim in seipsa dives est excellens omnes divitias secundorum. Et *dives est per seipsam.* Et nihil secundorum percipit eam secundum divitias magnitudinis suae. *De causis et processu universitatis a prima causa*, lib.2, tract.4, c.7, p.161, ll. 3-15.

10) Cum ergo quidquid percipitur de ea (causa prima), secundum potestatem secundi percipiatur et non secundum potestatem primi, constat, quod omne secudum, quo percipitur causa prima, diminutum est ab ipsa. Diminutum autem ab aliquo non perfecte nominat id a quo diminutum est. Nihil ergo secundorum perfecte nominat causam primam nisi secundum negationem et eminentiam. Ut si nominatur substantia, dicatur non esse substantia, secundum quod nobis innotescit, sed esse substantia secundum excessum omnis substantiae nobis notae in infinitum. Nihil enim diminutum est in substantia prima. Et ideo notio substantiae, secundum quod in nobis est, diminuta est et non perfecte suae significationis in nobis facit operationem. Propter quod etiam nomine tali nobis perfecte non innotescit. Nomine enim substantiae non innotescit nobis 'quid est', sed potius 'pelagus quoddam infinitum, quod substantia est', cuius fines nullo modo videmus vel circumspicimus. Eminet enim in infinitum omnibus quae creata sunt vel causata sunt. Quamvis enim quaedam nomina completae sint significationis quoad nos eo quod quoad nos completam suae significationis faciunt operationem, tamen quia prima causa super omne completum est omnium causatorum, et omne completum quoad nos deficit ad ipsam, nec significatur per diminutum nec per completum quoad nos. Propter quod dicit DAVID, rex Israel: 'Mirabilis facta est scientia tua ex me, confortata est, et non potero ad eam'. *De causis et processu universitatis a prima causa*, lib.2, tract.4, c.7, p.161, ll. 16-44.

11) Sed hic attendendum est, quod res dicta per nomen per prius convenit primae causae, quamvis nomen conveniat per posterius. Si enim dicatur substantia, ipsa per prius substantia est in se subsistens et omnia subsistere faciens. Et similiter, si dicatur vita, erit enim per se vita, omnis vitae principium et per se vitae fons, secundum quem modum nihil secundorum participat vitam. Et eodem modo est, si dicatur intelligentia. Erit enim intelligentia omnis intellectualis luminis fons per seipsam. Et nihil secundorum est substantia vel vita vel intellectus nisi per primum ita quod secundum in ratione substantiae vel vitae vel intellectus ad primam penitus nullam habet proportionem. Sed quodlibet illorum excedit in infinitum. *De causis et processu universitatis a prima causa*, lib.2, tract.4, c.7, p.161, ll. 45-59.

12) Proprter quod *super omne nomen est*, sive sit diminutum sive completum sit. Diminutum

enim diminutam suae significationis in nostro intellectu facit operationem, sicut est nomen motus, temporis et materiae, quae perfecto nomine nominari non possunt propter eius quod nominatur ab ipsis, imperfectionem. Propter quod etiam talia uno <nomine> nominari non possunt. 'Motus' enim non actum dicit neque imperfectum sive potentiam, sed dictis 'actum existentis in potentia'. Et similiter dicis de tempore et de materia. Tempus enim in praeterito non est. Futurum autem in futuro nondum est. Acceptum autem in nunc esse temporis non habet, sed substantiam imperfectam, quod esse temporis non accipit nisi in fluxu de praeterito per praesens in futurum. Qui fluxus ab eo quod abiit in non esse, incipit et terminatur in id quod nondum est. Propter quod non habet nisi intellectum privativum et diminutum, et intellectus significatur per nomen temporis. Propter quod intellectus eius nomen imperfecta sunt. *De causis et processu universitatis a prima causa*, lib.2, tract.4, c.7, p.161, ll. 60-80.

13) Completum autem nomen apud nos nomen actus est completi secundum nos, ut substantia, vita, intelligentia et lumen et cetera huiusmodi. Haec autem non nobis innotescunt secundum perfectionem, qua in primo sunt, sed potius secundum modum, quo nominant secunda, quae apud nos sunt et intellectui nostro proportionata. Quae omnia excedit primum, quod eminentius est omnibus causatis. Propter quod nec diminuto nec perfecto nomine nominatur sufficienter. Diminutum enim diminutam in nobis suae significationis facit operationem. Perfectum autem perfecte quidem secundum significat nobis, sed eminentiam primi, secundum quod in ipso est, nobis non repraesentat. Propter quod res quidem in primo est, nomen autem convenit per posterius, secundum quod nobis innotescit. *De causis et processu universitatis a prima causa*, lib.2, tract.4, c.7, p.161, l. 81- p.162, l.2.

14) Si autem quaeritur, quo nomine per hunc modum possit nominari, iam QUIDAM SAPIENS ante nos hoc determinavit, quod omni nomine nominatur, quod omnibus rebus est melius esse quam non esse. Omnibus enim rebus est melius esse substantiam quam non esse et melius est esse vitam et intellectum et bonum et virtutem quam non esse. Non omnibus autem rebus melius est esse aurum quam non esse vel esse lapidem pretiosum quam non esse. Cordi enim hominis vel oculo animalis non est melius esse aurum vel lapidem pretiosum quam non esse. Quod enim omnibus bonum est esse, actus purus est et nobile quid et similiter pretiosum et omnibus appetibile. Quod autem alicui melius est esse et alicui non melius, sicut aurum esse melius plumbo esset quam non esse, non omnibus appetibile est. Et ideo nomine divino nominari non potest. 'Divinum enim est, quod omnibus appetibile est', secundum quod PAULO POST declarabitur. *De causis et processu universitatis a prima causa*, lib.2, tract.4, c.7, p.162, ll.3-20.

文献一覧

Adamson, Peter and Taylor, Richard C. (eds), *The Cambridge Companion to Arabic Philosophy*, Cambridge, Cambridge University Press, 2005.

Aertsen, Jan A., "Albert's Doctrine on the Transcendentals", in *A Companion to Albert the Great: Theology, Philosophy, and the Sciences*, ed. Irven M. Resnick, Leiden/Boston, Brill, 2013, pp.611-619.

Al-Ghazālī, *The Incoherence of the Philosophers*, ed. Michael E. Marmura, Probo, Utah, Brigham Young University Press, 2000.

Albertus Magnus, *animalibus libri XXVI*, ed. H.Stadler, Münster, Aschendorff, 1920.

——, *Alberti Magni Metaphysica*, ed. Bernhardus Geyer, *Alberti Magni opera omnia,* tomus 16, pars 2, Münster, Aschendorff, 1964.

——, *Alberti Magni Super dionisium de divinis nominibus*, ed. Paulus Simon, *Alberti Magni Opera Omnia,* tomus 37, pars 1, Münster, Aschendorff, 1972.

——, *Alberti Magni De causis et processu universitatis a prima causa*, ed. Winfridus Fauser, S.J., *Alberti Magni Opera Omnia,* tomus 17, pars 2, Münster, Aschendorff, 1993.

——, *Buch über die Ursachen und den Hervorgang von allem aus der ersten Ursache*, eds. Henryk Anzulewicz et al., Hamburg, F. Meiner, 2006.

Anzulewicz, Henryk, "The Systematic Theology of Albert the Great", in *A Companion to Albert the Great: Theology, Philosophy, and the Sciences*, ed. Irven M. Resnick, Leiden/Boston, Brill, 2013, pp. 13–67.

——, "Metaphysics and Its Relation to Theology in Albert's Thought", in *A Companion to Albert the Great: Theology, Philosophy, and the Sciences*, ed. Irven M. Resnick, Leiden/Boston, Brill, 2013, pp.553-561.

——, "Plato and Platonic/Neoplatonic Sources in Albert", in *A Companion to Albert the Great: Theology, Philosophy, and the Sciences*, ed. Irven M. Resnick, Leiden/Boston, Brill, 2013, pp.595-601.

—— and Krause, Katja, "From Content to Method: the Liber de causis in Albert the Great", *Reading Proclus and the Book of Causes*, Volume 1: Western Scholarly Networks and Debates, ed. Dragos Calma, Leiden/Boston, Brill, 2019, pp.180-208.

——, "Illumination und Emanation in den Dionysius-Kommentaren des Albertus Magnus. Kognitive und ontologische Aspekte", *The Dionysian Traditions* (Rencontres de Philosophie Médiévale, 23), ed. Georgi Kapriev, Turnhout, Belgium, Brepols, 2021.

Aristotle, *Aristotle's Metaphysics*, ed. W.D. Ross, Oxford, Clarendon Press, 1924.

——, *Aristotle's Physics*, ed. W. D. Ross, Oxford, Clarendon Press, 1936.

——, *On the heavens*, ed. W. K. C. Guthrie, M.A., Cambridge, Massachusetts, Harvard University Press, 1939.

——, *Generation of animals,* Cambridge, Harvard University Press, 1942.

Averroes, *Tafsir ma ba'd at-tabi'at*, ed. Maurice Bouyges, S. J., Beyrouth, Dar el-Machreq, 1973.

——, *Ibn Rushd's Metaphysics : a translation with introduction of Ibn Rushd's commentary on Aristotle's Metaphysics, book Lām*, ed. C.F. Genequand, Leiden/Boston, Brill, 1986.

——, *Tahāfut al-Tahāfut*, ed. Salāh al-Dīn Hawwārī, Saydā, Bayrūt, al-Maktabah al-'Asrīyah, 2008.

——, *The Incoherence of the Incoherence*, ed. Muhammad Hozien, Kindle Edition, 2008.

Avicenna, *The Metaphysics of The Healing*, ed. Michael E. Marmura, Probo, Utah, Brigham Young University Press, 2005.

Bertolacci, Amos, "Albert's Use of Avicenna and Islamic Philosophy", in *A Companion to Albert the Great: Theology, Philosophy, and the Sciences*, ed. Irven M. Resnick, Leiden/Boston, Brill, 2013, pp.601-611.

——, "Avicenna's and Averroes' Interpretations and Their Influence in Albert the Great", in *A Companion to the Latin Medieval Commentaries on Aristotle's Metaphysics*, eds. F. Amerini, G. Galluzzo, Leiden/Boston, Brill, 2014, pp. 95-135.

——, "'Averroes ubique Avicennam persequitur': Albert the Great's Approach to the Physics of the Šifā' in the Light of Averroes' Criticisms", in *The Arabic, Hebrew and Latin Reception of Avicenna's Physics and Cosmology*, eds. D. N. Hasse, A. Bertolacci, Berlin, De Gruyter, 2018, pp. 397-431.

——, "Albert the Great's Disclaimers in the Aristotelian Paraphrases : A Reconsideration", *Documenti e Studi sulla Tradizione Filosofica Medievale*, 30, Turnhout, Belgium, Brepols, 2019, pp. 295-338.

——, "God's Existence and Essence: The Liber de Causis and School Discussions in the Metaphysics of Avicenna", in *Reading Proclus and the Book of Causes, Volume III On Causes and the Noetic Triad*, ed. D. Calma, Leiden/Boston, Brill, 2022, pp. 251-280.

Bonin, Térèse, *Creation as Emanation, The Origin of Diversity in Albert the Great's On the Causes and the Procession of the Universe,* Notre Dame, Indiana, University of Notre Dame Press, 2001.

——, "Albert's *De causis* and the Creation of Being", in *A Companion to Albert the Great: Theology, Philosophy, and the Sciences,* ed. Irven M. Resnick, Leiden/Boston, Brill, 2013, pp.688-693.

Davidson, Herbert A. *Alfarabi, Avicenna, and Averroes, on intellect: Their Cosmologies, Theories of the Active intellect, and Theories of Human intellect,* New York/Oxford

University Press. 1992.

Libera, Alain de, *Albert le Grand et la philosophie*, Paris, J. Vrin, 1990.

Moulin, Isabelle, "Albert's Doctrine on Substance", in *A Companion to Albert the Great: Theology, Philosophy, and the Sciences*, ed. Irven M. Resnick, Leiden/Boston, Brill, 2013, pp.648-658.

Noone, Timothy, "Albert on the Subject of Metaphysics", in *A Companion to Albert the Great: Theology, Philosophy, and the Sciences*, ed. Irven M. Resnick, Leiden/Boston, Brill, 2013, pp.543-553.

——, "Albert and *the Triplex universale*", in *A Companion to Albert the Great: Theology, Philosophy, and the Sciences*, ed. Irven M. Resnick, Leiden/Boston, Brill, 2013, pp.619-626.

Resnick, Irven M. (ed.), *A Companion to Albert the Great: Theology, Philosophy, and the Sciences*, Leiden/Boston, Brill, 2013.

——, "Albert the Great: Biographical Introduction", in *A Companion to Albert the Great: Theology, Philosophy, and the Sciences*, ed. Irven M. Resnick, Leiden/Boston, Brill, 2013, pp. 1–11.

Takahashi, Adam, "Nature, Formative Power and Intellect In the Natural Philosophy of Albert the Great", *Early Science and Medicine*, Leiden/Boston, Brill, 2008, pp. 451-481.

Takahashi, Adam, "Albert the Great as a Reader of Averroes : A Study of His Notion of the Celestial Soul in De Caelo et Mundo and Metaphysica", *Documenti e studi sulla tradizione filosofica medieval,* 30, Turnhout, Belgium, Brepolis, 2019, pp.625-653.

Tremblay, Bruno, "Albert on Metaphysics as First and Most Certain Philosophy". in *A Companion to Albert the Great: Theology, Philosophy, and the Sciences*, ed. Irven M. Resnick, Leiden/Boston, Brill, 2013, pp.561-595.

Twetten, David, "Averroes on the Prime Mover Proved in the Physics", in *Viator: Medieval and Renaissance Studies*, 26, Turnhout, Belgium, Brepols, 1995, pp.107-134.

——, "Albert the Great on Whether Natural Philosophy Proves God's Existence." in *Archives d'histoire doctrinale et littéraire du moyen âge*, 64, Paris, J. Vrin, 1997, pp.7-58.

——, "Albert the Great's Early Conflations of Philosophy and Theology on the Issue of Universal Causality", in *Medieval Masters: Essays in Memory of Msgr. E. A. Synan*, Thomistic Papers 7, ed. R. E. Houser, Houston, Center for Thomistic Studies, 1999, pp. 25-62.

——, "Albert the Great, Double Truth, and Celestial Causality" in *Documenti e studi sulla tradizione filosofica medievale* , 12, Turnhout, Belgium, Brepols, 2001, pp. 275-358.

——, "Averroes' Prime Mover Argument", in *Averroès et les averroïsmes juif et latin,* ed. *Textes et Études du Moyen Âge,* vol. 40, J.-B. Brenet, Turnhout, Belgium, Brepols, 2007, pp. 9-75.

—— and Baldner, Steven, "Introduction to Albert's Philosophical Work", in *A Companion to*

Albert the Great: Theology, Philosophy, and the Sciences, ed. Irven M. Resnick, Leiden/Boston, Brill, 2013, pp. 163–172.

——, Baldner, Steven, and Snyder, Steven C., “Albert's Physics”, in *A Companion to Albert the Great: Theology, Philosophy, and the Sciences*, ed. Irven M. Resnick, Leiden/Boston, Brill, 2013, pp. 173–219.

——, Carrasquillo, Francisco J. Romeo, and Tremblay, Bruno, “Albert the Great on Metaphysics: Introduction”, in *A Companion to Albert the Great: Theology, Philosophy, and the Sciences*, ed. Irven M. Resnick, Leiden/Boston, Brill, 2013, pp.541-543.

——, “Albert's Arguments for the Existence of God and the Primary Causes”, in *A Companion to Albert the Great: Theology, Philosophy, and the Sciences*, ed. Irven M. Resnick, Leiden/Boston, Brill, 2013, pp.668-694.

—— and Moulin, Isabelle, “Causality and Emanation in Albert”, in *A Companion to Albert the Great: Theology, Philosophy, and the Sciences,* ed. Irven M. Resnick, Leiden/Boston, Brill, 2013, pp.694-721.

——, “Aristotelian Cosmology and Causality in Classical Arabic Philosophy and its Greek Background”, in *Ideas in Motion in Baghdad and Beyond: Philosophical and Theological Exchanges between Christians and Muslims in the Third/Ninth and Fourth/Tenth Centuries*, ed. Damien Janos, Leiden/Boston, Brill, 2016, pp. 312-433.

Vargas, Rosa E., “Albert on Being and Beings: The Doctrine of *Esse*”, in *A Companion to Albert the Great: Theology, Philosophy, and the Sciences*, ed. Irven M. Resnick, Leiden/Boston, Brill, 2013, pp.627-648.

Wisnovsky, Robert, *Avicenna's Metaphysics in Context*, Ithaca, New York, Cornell University Press, 2003.

Wolfson, Harry A., “The Problem of the Souls of the Spheres from the Byzantine Commentaries on Aristotle through the Arabs and St. Thomas to Kepler,” in *Studies in the History of Philosophy and Religion*, Cambridge, Harvard University Press, 1973, I: pp. 22–59.

——, “The Plurality of Immovable Movers in Aristotle, Averroes, and St. Thomas,” in *Studies in the History of Philosophy and Religion*, Cambridge, Harvard University Press, 1973, I: pp.1–21.

アリストテレス『動物発生論』（アリストテレス全集 9）島崎三郎訳，岩波書店，1976 年 .

——『形而上学』（アリストテレス全集 12）出隆訳，岩波書店，1977 年.

——『自然学』（アリストテレス全集 4）内山勝利訳，岩波書店，2017 年.

ガザーリー『哲学者の自己矛盾』（東洋文庫 867）中村廣治郎訳注，平凡社，2015 年.

小林剛『アルベルトゥス・マグヌスの感覚論——自然学の基礎づけとしての』知泉書館，2010 年.

——『アリストテレス知性論の系譜——ギリシア・ローマ，イスラーム世界から西欧へ』梓出版社，2014 年.

——『アルベルトゥス・マグヌスの人間知性論——知性単一説をめぐって』知泉書館，

2016 年.